LECTURE

DES

CARTES ANGLAISES

ET DES

ÉTATS-UNIS

DU MÊME AUTEUR

Les **Échelles métriques** des cartes géographiques, topographiques et marines et **Règle graduée** supprimant les calculs de ces échelles. Paris 1906, broch. in-8 . . . . 1.25

    Prix de la **Règle graduée** . . . . 2. »

Lecture des Cartes Russes (Indications linguistiques, géographiques et topographiques). Ouvrage honoré d'une souscription des Ministères de la Marine et des Travaux Publics. Paris, 1907, 1 vol. in-4° relié toile souple . . . . 6. »

Pour paraître ensuite :

Lecture des Cartes Allemandes, Autrichiennes, Suisses.

                Italiennes, Espagnoles, Portugaises.

                des Pays Scandinaves, Hollande et Belgique.

                des Pays Balkaniques.

LECTURE

DES

CARTES ANGLAISES & DES ÉTATS-UNIS

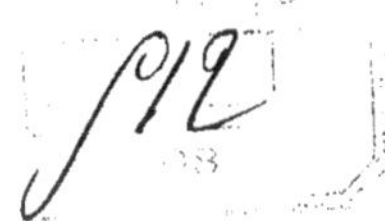

Indications linguistiques, géographiques

et topographiques

Capitaine P. POLLACCHI

DÉTACHÉ A L'ÉTAT-MAJOR DE L'ARMÉE

(SERVICE GÉOGRAPHIQUE)

PARIS

LIBRAIRIE MILITAIRE R. CHAPELOT et Cⁱᵉ

30, Rue et Passage Dauphine, 30

1908

Tous droits réservés

AVANT=PROPOS

Le bienveillant accueil qu'a reçu notre premier travail sur la *Lecture des Cartes Russes* et les témoignages, qui nous sont parvenus, attestant son utilité et son caractère pratique, nous ont été un encouragement pour continuer dans cette voie.

La lecture des Cartes Anglaises et des Etats-Unis, que nous présentons aujourd'hui, est le deuxième travail d'une série d'études analogues, établies d'après le même plan et des sources de même nature, sur la Cartographie des principales puissances.

Il nous a paru nécessaire, en effet, d'aborder sans retard l'étude des Cartographies Anglaise et des Etats-Unis qui, en raison de l'étendue des possessions de ces deux puissances, comprennent la représentation graphique d'une immense partie de la surface territoriale de notre globe.

Les questions de politique mondiale étant, d'ailleurs, plus que jamais à l'ordre du jour, ce nouveau travail a donc autant de chances que le précédent, de présenter un intérêt immédiat et d'être d'un fréquent usage.

La lecture des Cartes Anglaises et des Etats-Unis ne présente évidemment pas des difficultés aussi grandes que la lecture des cartes russes où les caractères de l'écriture sont différents des nôtres; il n'en est pas moins vrai que les signes conventionnels spéciaux à ces cartes et les termes géographiques empruntés aux langues si variées des nombreux peuples soumis à ces deux puissances ont besoin d'être expliqués et classés méthodiquement dans des tableaux d'un usage pratique.

Si nous réussissons comme avec le précédent travail à être utile à tous ceux que leurs études ou leurs spéculations amènent à consulter des Cartes Anglaises et des États-Unis, nous aurons pleinement atteint le but que nous nous sommes proposé en inaugurant et en poursuivant cette série de travaux sur la lecture des cartes étrangères.

Nous serions très reconnaissant à nos lecteurs de vouloir bien nous signaler les omissions ou erreurs qui auraient pu se glisser dans notre travail.

I

Notions Générales sur les Services Géographiques

1º GRANDE BRETAGNE

Le Service Géographique Anglais (**Ordnance Survey**) a son siége à Southampton avec un service subordonné en Irlande. Il s'occupe de toutes les cartes du Royaume-Uni, du cadastre, des fortifications, à l'exception des cartes marines. Il envoie des missions particulières aux Colonies, sauf pour les Indes qui ont un service particulier.

Rattaché depuis 1889 au Ministère de l'Agriculture, l'Ordnance Survey a pour chef un Général auquel sont adjoints des officiers et des employés spéciaux.

Le **Service de la Grande Bretagne** se compose :

1º De la *Section de nivellement* dont le siège est à Clifton ;
2º De *8 Sections de topographie de campagne* ;
3º De *6 Sections de l'Ordnance Survey*.

Les six Sections de l'Ordnance Survey sont les suivantes :

a. **Trigonométrie** ;
b. **Gravure** ; on fait principalement de la gravure sur cuivre ;
c. **Publications** ; chargée des opérations de photographie, zincographie, photozincographie, coloriage et des impressions ;
d. **Cartes** ; achète et conserve les ouvrages cartographiques ;
e. **Révision** ;
f. **Magasin** ; garde les cartes de mobilisation et s'occupe des instruments et des machines.

Le **Service en Irlande** se compose de :

1º Une *Division de publications spéciales* dont le siège est à Dublin ;
2º Une *Section de nivellement* ;
3º Trois *Sections de topographie*.

Pour le triangulation et la révision, il se rattache aux Sections correspondantes de l'Ordnance Survey à Southampton.

Le **Service des Indes** (Department of the Surveyor-General of India) a son siège à Calcutta et se compose de :

1° *Service trigonométrique ;*
2° *Service topographique :*
3° *Service du cadastre et du trésor.*

Dans l'établissement des cartes, on emploie la projection cylindrique en Angleterre et la projection de Bonn en Ecosse.

Les cartes sont tirées : en noir en noir; avec les eaux en bleu; en couleurs (*bleu pour les eaux, vert pour les bois, rouge pour les maisons, terre de Sienne pour les routes, brun pour le nivellement, noir pour les écritures.*)

Le nivellement est représenté, soit par des hachures, soit par des courbes de niveau, soit par des teintes en brun.

Les altitudes sont indiquées en pieds ($0^m 3048$).

Toutes les cartes sont orientées d'après le méridien de Greenwich ($2°20'$ Ouest de Paris).

Les principales cartes publiées par l'Ordnance Survey sont les suivantes :

1° **Carte du Royaume-Uni** : 15 miles 782 pour 1 pouce . . . . $\frac{1}{1\,000\,000}$

2° **Carte du Royaume-Uni** : 10 miles pour 1 pouce. . . . . $\frac{1}{633\,600}$

3° **Carte du Royaume-Uni** : 4 miles pour 1 pouce . . . . $\frac{1}{253\,440}$
Angleterre 24 feuilles ; Ecosse 16 feuilles ; 2 éditions : une en gravure et l'autre en couleurs ;

4° **Carte d'Angleterre et du Pays de Galles** : 2 miles pour 1 pouce. . . . $\frac{1}{126\,720}$
En couleurs ; en cours d'exécution ;

5° **Carte du Royaume-Uni dite de l'Etat-Major** : 1 mile pour 1 pouce . . $\frac{1}{63\,360}$
4 éditions ; l'édition en couleurs la plus complète est en voie d'achèvement ;

6° **Cartes des Comtés du Royaume-Uni** : 6 pouces pour 1 mile. . . . . . $\frac{1}{10\,560}$
13.418 feuilles. Sont des cartes cadastrales. Elles portent des cotes d'altitude et le figuré du terrain par des courbes équidistantes de 50 pieds (15^m) jusqu'à l'altitude de 304^m. Dans le Lancashire, le Yorkshire et dans les autres Comtés du Nord de l'Angleterre, ainsi que dans ceux de l'Ecosse méridionale le figuré du terrain est complet ;

7° **Cartes des Paroisses** : 25 pouces 344 pour 1 mile. . . . . $\frac{1}{2.500}$
Cartes cadastrales publiées pour les parties cultivées de l'Angleterre et du Pays de Galles ;

8° **Cartes des Cités et Villes** :
Les villes de plus 4.000 habitants ont été faites à l'échelle de 10 pieds . . $\frac{1}{500}$
Londres et ses faubourgs faits en 1885, à l'échelle de 6 pouces pour 1 mile. $\frac{1}{10\,560}$
Une nouvelle édition en couleurs a été publiée récemment :

9° **Miscellaneous Map**. Cartes pour :

    a. Commerce extérieur, Amirauté, Direction Géologique, Ministère de la Guerre.

    b. Les Villes, les particuliers, les Sociétés savantes.

    c. Cartes spéciales pour le War-Office.

En dehors de l'Ordnance Survey, les autres Administrations publient les cartes suivantes :

1° **British hydrographic Department** : 4.000 feuilles de cartes marines, gravées sur cuivre, à diverses échelles et avec le mille marin anglais (1855^m) comme unité de mesure ;

2° **Geological Survey** : Une carte géologique en cours d'exécution à 1 mile pour 1 pouce - $\frac{1}{63.360}$ - ayant pour base les cartes topographiques de l'Ordnance Survey ;

3° **General Post Office** : Une carte d'Angleterre et du Pays de Galles, en 9 feuilles ;

4° **Railway Clearing House** : Une carte officielle des chemins de fer de l'Angleterre et du Pays de Galles, en 4 feuilles ; 7 miles ½, pour 1 pouce. . . . . $\frac{1}{475.200}$

Les principales cartes publiées par le Surveyor-General of India, sont les suivantes :

1° **Carte des différentes provinces de l'Inde** :

    1 pouce pour 1 mile . . . . $\frac{1}{63.360}$

2° **Atlas des Indes** (Great trigonométrical Survey of India) ;

    4 miles pour 1 pouce . . . . $\frac{1}{253.440}$

3° **Carte de l'Afghanistan** :

    24 miles pour 1 pouce . . . . $\frac{1}{1.520.640}$

4° **Carte topographique d'Aden** :

    2 miles pour 1 pouce . . . . $\frac{1}{126.720}$

2º ÉTATS-UNIS

Aux États-Unis, le Service Géographique (**Geological Survey**) est chargé de l'étude géographique, topographique, géologique, minéralogique, hydrographique et forestière du territoire de l'Union et de l'Alaska et de publier le résultat de ces travaux.

Fondé en 1879, il est rattaché au Ministère de l'Intérieur et a son siège à Washington. (Les différents États ont des services particuliers, mais de moindre importance et se consacrant spécialement aux études géologiques et économiques. Bien qu'indépendants du Geological Survey, ils sont néanmoins en correspondance fréquente avec celui-ci.)

Le Geological Survey est divisé en *cinq grandes branches*, chaque branche est subdivisée en *Divisions* et chaque division en *Sections*.

1º **Administration** (3 Divisions) :

a. **Direction** chargée : 1º De la correspondance, des archives, des approvisionnements et expéditions ; 2º Des instruments ; 3º Du personnel des mécaniciens, chauffeurs, messagers, gardiens, etc. ;

b. **Comptabilité** ;

c. **Bibliothèque**.

2º **Géologie** (4 Divisions) :

a. **Géologie et Paléontologie** chargée : 1º De la géologie de la surface ; 2º De la géologie du Pléocène ; 3º De la géologie du Pré-Cambrien et géologie métamorphique ; 4º De la géologie économique des minerais métalliques ; 5º De la géologie économique des minerais non métalliques ; 6º De la paléontologie ;

b. **Ressources minérales de l'Alaska** ;

c. **Ressources minières et minérales** ;

d. **Recherches chimiques et physiques**.

3º **Topographie** (2 Divisions) :

a. **Topographie**, subdivisée en : 1º Section de topographie de la région orientale des États-Unis ; 2º Section de topographie de la région occidentale des États-Unis ; 3º Triangulation et calculs ; 4º Inspection des levés et de la carte ;

b. **Géographie et forêts**.

4º **Hydrographie** (4 Divisions) :

a. **Hydrographie** : 1º Étude du débit des cours d'eau ; 2º Étude des zones d'irrigation ; 3º Levés des travaux à entreprendre ;

b. **Hydrologie** : 1º Section de la région orientale des États-Unis; 2º Section de la région occidentale des États-Unis ;

c. **Économie des eaux** ;

d. **Service d'amendement** : 16 Sections correspondant à 16 États ou territoires contenant des terres arides (1) ;

5º **Publications** (3 Divisions) :

a. **Éditions**, chargée : 1º Des textes (imprimés par le *Government printing Office*) ; 2º Des cartes géologiques; 3º des cartes topographiques; 4º des illustrations; 5º de la photographie *(tirage des cartes provisoires, avant l'achèvement de la planche gravée)*.

b. **Gravure et Imprimerie** ;

c. **Documents**.

Les cartes sont établies sur la projection polygonale et orientées d'après le méridien de Greenwich (2º20' *Ouest de Paris; 76º58' Est de Washington*).

Elles sont gravées sur cuivre, mais l'impression se fait généralement en reports sur pierre et elles sont tirées en trois couleurs : *noir pour la planimétrie, bleu pour les eaux bistre pour le nivellement*.

Les éditions provisoires sont tirées en photolithographie.

Les formes du terrain sont représentées par des courbes de niveau dont l'équidistance varie avec l'échelle et la nature plus ou moins accidentée du terrain.

$$5 \text{ à } 50 \text{ pieds } (1^m524 \text{ à } 15^m240) \text{ à l'échelle de } \frac{1}{62\,500}$$
$$20 \text{ à } 100 \quad — \quad (6^m096 \text{ à } 30^m480) \quad — \quad \frac{1}{125\,000}$$
$$100 \text{ à } 250 \quad — \quad (30^m480 \text{ à } 76^m200) \quad — \quad \frac{1}{250\,000}$$

Dans la carte au $\frac{1}{62\,500}$ les courbes de niveau sont numérotées et marquées d'un trait fort de 100 en 100 pieds; dans les cartes au $\frac{1}{125\,000}$ et $\frac{1}{250\,000}$ elles sont numérotées de 500 en 500 pieds.

Les altitudes sont indiquées en pieds (0^{m}3048).

Les échelles adoptées : 62.500º; 125.000º; 250.000º répondent aux besoins pour lesquels on a recours d'ordinaire aux cartes topographiques *(détails nécessaires d'une région pour donner satisfaction à tout ce qui est utile à l'industrie et à la science)* et permettent de saisir d'un même coup d'œil les relations entre les diverses régions.

Les dimensions des feuilles correspondent à un rectangle de 15' en latitude et longitude pour l'échelle du 62.500º; 30' pour l'échelle du 125.000º et 1º pour l'échelle du 250.000º.

---

(1) N'est plus rattaché au Geological Survey et forme une division spéciale du Ministère de l'Intérieur.

Les principales cartes publiées par le Gouvernement des Etats-Unis sont les suivantes :

1° **Carte topographique des États-Unis :**

au $\frac{1}{62\,500}$ Région très peuplée (Région Orientale, une partie de la vallée du Mississipi, et de la côte du Pacifique).

au $\frac{1}{125\,000}$ Région moyennement habitée.

au $\frac{1}{250\,000}$ Région très peu peuplée ou déserte.

2° **Folios géologiques** correspondant à chaque feuille de la carte topograph.

3° **Carte de l'Alaska** au $\frac{1}{2\,500\,000}$

4° **Carte de l'État :**

      12 miles pour 1 pouce . . . . $\frac{1}{760\,320}$ } General Land

      16   -   -   . . . . $\frac{1}{1\,013\,760}$ } Office

Geological Survey

5° **Carte routière :**

      4 miles pour 1 pouce . . . . $\frac{1}{253\,440}$ } Post office

      14   -   . . . . $\frac{1}{887\,040}$ } Department

II

Signes, abréviations et termes

topographiques et géographiques employés dans les cartes Anglaises et des États-Unis

Les termes géographiques et topographiques contenus dans ce chapitre ont été empruntés aux diverses langues et ctes des pays pour lesquels la Grande-Bretagne et les Etats-Unis établissent des cartes.

Tous ceux qui ne sont pas de langue anglaise sont suivis d'une abréviation dont la correspondance est uée dans le tableau ci-après :

Sahara	»	Colonie du Cap	Col. du Cap.	Laos	»
Soudan	»	Rhodésia	Rhod.	Siam	»
Niger	»	Transvaal	Transv.	États de Chan	E. de Chan
Oubanghi	Oubangh.	Orange	»	Haïnan	»
Ouganda	Ougand.	Afghanistan	Afgh.	Irlande	»
État indépendant du Congo	E. I. Congo	Amérique du Nord	N. Amériq.	Territoires indiens des Etats-Unis	Ind. E. U.
Abyssinie	Abyssin.	Alaska	»		
Rivière Sobat	Riv. Sobat	Chine	»	Mongolie	Mongol.
Somaliland	Somali.	Yunnan	»	Pays tartares	Tartar.
Mozambique	Mozamb.	Formose	»	Malaisie	Malais.
Est Africain	E. Afriq.	Écosse	»	Nouvelle-Guinée	N. Guinée
Egypte	»	États-Unis d'Amérique	E. U.	Australie	Austral.
Tripolitaine	Tripolit.	Pays de Galles	Galles	Polynésie	Polyn.
Afrique du Nord	N. Afriq.	Hindoustan	Hindoust.	Hawaï	»
Sénégal	»	Pendjab	»	Perse	»
Guinée	»	Bengale	»	Balouchistan	Balouch.
Côte d'Ivoire	C. d'Iv.	Birmanie	»	Pamir	»
Côte de l'Or	C. de l'O.	Ceylan	»	Turquie	Turq.
Dahomey	Dahom.	Sanscrit	»	Arabie	»
Ouest Africain	O. Afriq.	Tonkin	»	Arménie	»
Nigeria	»	Annam	»	Thibet	Thib.
Cameroun	Camer.	Cochinchine	Cochinch.	Turkestan	Turkest.
Congo	»	Cambodge	Cambod.		

A

				Aa	Ecosse	Puits
				Aadad	Soud. Egyp.	Puits dans le désert
				Aapu	Nouv. Guinée	Montagne
				Ab	Turq. et Perse	Eau
				Aba	Tartare	Plaine
				Abad	Perse	Demeure, Ville
				Ab-amber	Perse	Citerne
				Aban	Guinée	Construction en pierres
				Aban-kesse	Guinée	Fort
				Abankor	Sahara	Puits dans le lit d'une rivière
				Abata	Niger	Marais
				Abbas	Perse	Père, paternel
				Abbey		Abbaye
				Abe	Nouv. Guinée	Sentier, chemin
				Aber	Ecosse	Confluent, embouchure
				Abetu	Niger	Ruisseau
				Ab-guzàr	Perse	Canal, gué, bac
				Abiad, Abiodh	N. Afrique	Blanc
				Ab-i-germ	Perse	Eaux chaudes
				Abish-khur — khana	Perse	Réservoir
				Ab-jo	Perse	Ruisseau
				Abode		Séjour, demeure
				Aboe	Guinée	Confluent

		Terme	Région	Définition
		Abom	Guinée	Terrain pierreux
		Aboon, Abune	Écosse	Au-dessus, en amont, supérie...
		Abonse	Guinée	Fond, vallon
		Abosam	Guinée	Rocher escarpé
		Above		Au-dessus, en amont, supérie...
		— **grade**		Passage au-dessus
		·· **passe**		
		Abrah	Perse	Canal, conduite d'eau
		Abriz	Turquie	Fossé, dépression
		Abroad		Au loin
		Abslă	Perse	Vignoble, jardin
		Abshär	Perse	Chute d'eau, cascade
		Ab-shur	Perse	Gué
		Abuano	Nouv. Guinée	Est
		Aburigo	Nouv. Guinée	Sud
		Abusua-ku	Guinée	Tribu, clan
abut.		**Abutment**		Borne, limite
		Abyss		Abîme, gouffre
		Acclivity		Montée, rampe
		Ach	Galles	Champ
		Achan	Tartare	Endroit ou une gorge débouche dans la plaine
		Achik	Tartare	Amer, salé ; ouvert
		— **bulak**	Tartare	Source amère
		— **γilga**	Tartare	Vallée ouverte
		Acre		Champ ; arpent . 40 ares 467...
		Across		Sur (une rivière) ; en travers
		Ad, Ado	N. Afrique	Blanc
		Ada	Turquie	Ile
		Adad	Somali.	Arbre
		Adadjik	Turquie	Ilot, petite île
		Adar-udar	Hindoust	Fossé, dépression
		Addis	Abyssin.	Neuf, nouveau

Adeb	N. Afriq.	Colline, hauteur à pente douce	
Adek	Hindoust.	Petit village	
Adi	Guinée	Maison	
Adosase	Guinée	Terre labourable	
Adrar	Sahara	Montagne	
Adzed	Perse	Orme	
Afae	Guinée	Col, défilé	
Afam	Guinée	District, région	
Afar		Loin, de loin	
Aff	Galles	Eau	
Affluent		Affluent	
Ag	Ind. E. U.	Bord, plage	
Agach	Turkest.	Arbre	
Agachlik	Tartare	Prairie	
Agh	Irlande	Champ	
Aghil	Tartare	Enclos, parc à bétail	
Agave		Aloès d'Amérique	
Agger		Chaussée; tranchée, forteresse	
Agi	N. Guinée	Vent	
Agmaná	Hindoust.	Est	
Agos	Philipp.	Courant de la rivière	
Agrar	Hindoust.	Village de Brahmans	
Agula	Riv. Sobat	Terrain marécageux	
Aha	Ind. E. U.	Eau	
Ahaban	Guinée	Bois, forêt, broussailles	
Ahatluo	Inde	Mer	
Ahawin	Guinée	Prairie	
Ahe	Guinée	Lieu	
Ahea	Guinée	Sable	
Ahidaino	N. Guinée	Sud, méridional	
Ahlen	Hindoust.	Rouge	
Ah na ku il	Ind. E. U.	Ville, village	

				Ahint	Écosse	Derrière
				Ahoro	Niger	Ruines
				Ahwan	Hindoust	Village
				Aïra	Nouv. Guinée	Village
				Aiaz	Turquie	Clair
				Aikak	Alaska	Passage entre deux îles
				Ailak	Perse	Campement dans la montagn
				Aimak	Turquie	Tribu, clan
				Aïn	Turq. et Arab.	Source
				Aird	Écosse	Hauteur
				Airn	Écosse	Fer
				Airt	Écosse	Degré de boussole
				Ait		Ilot dans un fleuve
				Ai yaw	Ind. Chine	Petit
				Ajer	Irlande	Eau
				Ak	Turquie	Blanc
				Aka	Afr. Orient.	Forêt
				Akar	Sanscrit	Mine, carrière, source
				Akau	Hawaï	Nord
				Akba	N. Afrique	Hauteur, élévation
				Akena	Nouv. Guinée	Rivière
				Akere-Aki	Archipel	Eau
				Akhal	N. Afrique	Noir
				Akim a	Ind. E. U.	Rivière
				Akja	Turq.	Blanc
				Akla	Ind. E. U.	Eaux profondes
				Ako-ban	Guinée	Rempart, enceinte, haie, fossé
				A-ku	Inde	Plaine
				Aku	Nouv. Guinée	Mer
				A kum na	Ind. E. U.	Fondrière, marais
				Akwo	Riv. Sobat	Sable
				Ala, ali	Arabe	Inférieur, bas

Ala	Niger	Limite
Alacha	Turq.	Bas
Alachuk	Perse	Tente en feutre de nomades
Alafo	Niger	Vallée, ravin
Alamu	Afr. Orient.	Rivière large
Alaya	Sanscrit	Séjour, demeure
Ald	Galles	Fleuve
Alder		Aune (arbre)
Ale	Afr. Cent.	Montagne
Aleb	N. Afriq.	Colline en pente
Aleg	Afr. Cent.	Lac
Alem	Turq.	Signal, étendard
Alen	Hindoust.	Large
Alien		Etranger
Alkube	Afr. Cent.	Place fortifiée
Alley		Allée
Allt	Galles	Rivière, ruisseau
Alluvion		Alluvion
Along road		Le long de la route
Alonga	Afr. Cent.	Petit
Alor	Malais.	Rigole, tranchée, fossé, digue
Alta	Ind. E. U.	Eau rapide
Altin	Tartare	Plus bas, inférieur
Altitude		Altitude
Altoun	Écosse	Vieille ville
Altun	Tartare	L'or
Alun		Alun
— works		Alunière, fabrique d'alun
Aman	Hindoust.	Noir
Amanzi	Afr. Mérid.	Eau
Amara	Inde	Immortel
Amaret	Perse	Palais

				Amb	N. Guinée	Maison, demeure
				Ambar	Turq. et Perse	Citerne, réservoir; grenier
				Ampang	Malais.	Digue, barrage
				A mun hive	Ind. E. U.	Ile
				An	Chine	Côte, plage
				Ana	Chine	Noir
				Anchorage		Mouillage
				Andar	Arménie	Forêt
				Ane	Guinée	Ouest, occident
				Ang	Hindoust.	Cours d'eau
				Angar	Afr. Orient.	Eau
				Angin	Malais.	Vent
				Angum	Hindoust.	Vallée
				Anja	Afriq. Cent.	Lac, eau
				Anna	Afriq. Cent.	Buisson, fourré; prairie
				Ano	Guinée	Côte, plage, rivage
				Ant	Thibet	Extrémité
				Antia	Mozamb.	Lac, marais
				Ao	Chine et Siam	Baie, crique
				Ap	Sanscrit	Eau
				Apa	Inde	Rochers, falaises
				Apatoa	Tahiti	Nord
				Apatoerau	Tahiti	Sud
				Api	Malais.	Feu
				Apple tree		Pommier
				Aqueduct		Aqueduc
				Ar, Aru	Hindoust.	Rivière
				Ara	Turq. et Perse	Milieu, central
				Ara	Ind. E. U.	Sentier à un col
				Ara	Polynés.	Maison
				Aradha	Perse	Champ
				Araha	N. Guinée	Jardin, plantation

Aral	Turq,	Ile
Aralcha	Turq.	Petite île
Arára	Hindoust.	Rivage, talus escarpé
Archipelago		Archipel
Arched bridge		Pont à arches
Ard	Turq.	Pays
Ard	Celtique	Grand, haut
Area		Etendue de pays
Areg	Turq.	Dunes
Argillous		Argileux
Argillited		Schisteux
Arid		Aride
Arik, Aryk	Turkest.	Canal d'irrigation
Ark	Perse	Réduit, forteresse, citadelle
Arka	Perse	Derrière, en arrière
Armlet		Petit bras de mer
Aro	Mongol	Nord ; en arrière
Arsenal		Arsenal ; magasin d'approvisionnements militaires
Art	Tartare	Hte passe étroite et rocailleuse
Artesian Well		Puits artésien
Artuk	Turq.	Principal
Artic		Arctique
Arui	Hindoust.	Hauteur, colline
Ashagha, Asagi	Turq.	Bas, inférieur
Ashiret	Turq.	Clan, tribu
Ashkin	Perse	Terrain inondé temporairem^t
Ashokan	Ind. E. U.	Rapide (fleuve)
Asi	Afr. Cent.	Eau
Aslope		En pente, en talus
Asmak	Turq.	Eaux paisibles
Astin, Astyn	Tartare	Bas, inférieur
Asto	Ind. E. U.	Défilé

				Astronomical point		Point astronomique
				Asɣă-bad	Perse	Moulin à vent
				At	Ind. E. U.	Canal; courant
				Ata	Turq.	Ile
				Atak	Mongol.	Bas, inférieur
				Atarpál	Sanscrit	Terrain inculte
				Ătas	Malais.	Au-dessus, sommet
				Ate	Nouv. Guinée	Rivière
				Atea	Ind. E. U.	Vallée, paysage
				Atesh	Tartare	Feu
				Atesh-dag	Tartare	Volcan
				Athmana	Sanscrit	Ouest, occidental
				Athmas	Sanscrit	Terrain cultivé
				Atik	Turq.	Vieux
				Atle	Inde	Eau
				Atmur	Soud. Egyp.	Route dans le désert
				Atoll		Ilot de corail
				Atshɣ	Turq.	Amer
				Atsouk	Turq.	Clair
				Att	Tartare	Cheval
				Au	Siam	Baie
				Au	Thibet	Neige
				Auch	Écosse	Champ
				Auchter	Écosse	Supérieur, haut
				Aul	Tartare	Tente, village, camp
				Auld	Écosse	Vieux, ancien, antique
				Av	Galles	Eau
				Avali	Hindoust.	Chaîne de montagnes
				Avon	Celtique	Rivière
				Avros	Turq.	Fossé, dépression
				Aɣ	Écosse	Ile
				Aɣak	Turkest.	Bas, inférieur

			Ăɣer	Malais.	Eau, cours d'eau
			— dras	Malais.	Rapide à fond de sable ou cailloux
			— masin	Malais.	Eau salée
			Azhebik	Ind. E. U.	Rocher
			Azrak, Azrek	Arabe	Bleu

B

			Ba	Tchad	Eau, rivière
			Bab	Turq. et Perse	Porte; passage à trav. des dunes
			Babchu	Thibet	Petite rivière
			Bach	Écosse	Petit
			Bache	E. Afrique	Cours d'eau
			Băd	Perse	Vent
			Bad	N. Afriq.	Citerne, réservoir
			Badala	Afr. Cent.	Lac, marais
			Badland		Mauvais région à parcourir
			Bad water		Eau mauvaise
			Bag	Tartare	Village
			Baga, Bagha	Mongol.	Petit
			Bagh, Baghchi	Perse et Afgh.	Jardin
			Baghistan	Hindoust.	Vignoble
			Bălă	Hindoust.	Canal, fossé
			Baha	Philipp.	Inondation
			Bahira	N. Afriq.	Lac, marais
			Bahr	N. Afriq.	Mer, eau, rivière
			Bai	Hindoust.	Baie, golfe
			Baïr	Turq.	Hauteur, monticule, contrefort
			Baiska	Hindoust.	Pâturage
			Baital	Asie Cent.	Jument
			Baittle	Écosse	Riche pâturage

Baiva	N. Guinée	Grève, côte, rivage
Bak	Thibet	Ouest
Baka	Mongol	Petit
Baka	Afr. Cent.	Rivière
Bakir	Turq.	Cuivre
Bal	Galles	Ville
Bala	Perse	Haut, supérieur
Balai	Philipp.	Maison
Balchick	Turq.	Argile
Bald	E. U.	Sommet, cime; clairière
Balgas	Mongol	Ville, bourg
Balik	Mongol	
Balkan	Turq	Chaîne de montagnes
Balsas	N. Amériq.	Radeau
Balu	Hindoust.	Sable, cailloux
Bâm	Perse	Terrasse, toit, hauteur
Bambâ	Hindoust.	Puits, fontaine
Bamba	Niger	Crocodile
Bamboo		Roseau des Indes, bambou
Ban	Galles	Blanc
Ban	Malais.	Village
Ban	Siam	Maison, ferme
Band	Ecosse	Hauteur, colline
Band	Perse	Digue, barrage, écluse
Bandar	Perse	Port, hâvre, mouillage
Bander	Malais.	Ville
Bang	Siam	Village
Bângar	Hindoust	Hautes terres, plateau
Bangu	Niger	Lac; puits
Bani	Sanscrit	Petite forêt
Banjung	Hindoust.	Montagne sans neige
Bank		Banc de sable, digue, terrasse bord d'une rivière, d'un canal

		Banua	N. Guinée	Village
		Bao	Haïnan	Village
		Bâr	Afgh.	Désert
		Bar, Barr	Arabe	Territoire, contrée aride
		Bara	E. Afriq.	Buisson d'épines
		Barrack		Baraque, hutte, caserne
		Bărat	Malais.	Ouest
		Barda	Hindoust.	Sable, terre légère
		Barkan	Tartare	Monticule de sables mouvants
		Barn		Grange
		Barout-Khané	Turq.	Poudrerie
		Barrace	Écosse	Limite
		Barren		Stérile, aride
		Barrier		Barrière
		— reef		— de rochers
		Barzan	Perse	Ruelle, rue étroite
		Bash	Tartare	Tête, cime, sommet
		Basin		Bassin
		Basswood		Tilleul
		Bāt	Hindoust.	Route
		Batak	Turq.	Marais, marécage
		Batang	Malais.	Rivière
		Batch		Ruisseau
		Bath		Bain
		Bathan	Hindoust.	Pâturage
		Batsa	Turq.	Potager
		Batt		Schiste
		Battery		Batterie
		Bâtu	Malais.	Rocher
		Bauks	Écosse	Jachères
B.		Baulk		Poutre
		Baw	Siam	Mine, carrière

	Baγan	Philipp.	Village
	Baγan	Mongol	Riche, prospère
	Baγ		Baie
	Baγgall	E. U.	Marais couvert de broussaille
	Baγou	E. U.	Lac ; ruisseau au cours lent
	Baγ salt		Sel gris, sel marin
	Bázár	Perse et Turq.	Marché
	Bda	Ind. E. U.	Rivière
	Be	Guinée	Montagne
	Beach		Grève, côte, rivage, falaise
Δ	Beacon		Balise, signal, amer, feu
	Beag, Beg	Écosse	Petit
	Bealach	Galles	Col, gorge
	Bean		Fève
	Bear	Écosse	Demeure, ferme / Orge
	Bearing		Gisement
	Beck		Ruisseau
	Bed of a river		Lit d'une rivière
	Bee	Ind. E. U.	Eau
	Beech		Hêtre
B. H.	Beer house		Cabaret, taverne
	Beglik, Beklik	Asie Cent.	Division administrative
	Bei	Hainan	Village
	Beiaband	Perse	Lande, désert
	Beida	Arabe	Blanc
	Beiik	Turq.	Haut
	Beil	Écosse	Abri
	Beinn, Ben	Écosse	Montagne
	Beit	Arabe	Maison
	Beitoullakh	Turq.	Mosquée
	Bejik	Turq.	Grand

			Bekleme	Turq.	Corps de garde
			Bel	Écosse	Gué, fleuve
				Niger	Rocher
				Turquie	Col
			Belem, Beles	Tartare	Passe élevée et facile
			Bell		Cloche
			Below		En aval de..., en dessous
			— grade		Passage en dessous
			— passe		
			Ben	Galles	Montagne, hauteur
			Bench	E. U.	Banquette, berme
M. 130	B M x 1450	B. M.	— mark		Repère
			Bend	Turquie	Digue, bassin
			Bendang	Malais.	Sentier
			Bendar	E. Afrique	Port, gîte, asile
			Bender	Perse	Port, hâvre
			Bent		Pente
			Benua	Philipp.	Village ; terre, sol
			Beri	Tchad	Grand village
			Besh	Turquie	Cinq
			Best	Turq.	Refuge, asile
			Beth	Hindoust.	Sable, terre stérile
			Beyaz	Turq.	Blanc
			Beyond		Au delà de..., loin
			Beuyuk	Turq.	Grand
			Bezet	Perse	Ferme, métairie
			Bhil	Inde	Marais, lagune
			Bhot	Thibet	Terrain, pays
			Bhum	Hindoust.	Pays, contrée
			Biban	Arabe	Porte, défilé
			Bi da me	Ind. E. U.	Rivière
			Bidrung	Balouch.	Col

					Terme	Origine	Traduction
					Bield	Écosse	Abri
					Big		Gros, grand
					Bigging	Écosse	Construction
					Bight		Anse, crique, estuaire
					Bihar	Hindoust.	Ravin
					Bilis	Asie Cent.	Col
					Binh	Cochinch.	Égal
					Binin	Guinée	Marais, fondrière
					Bink	Écosse	Chaussée
					Bir	Turq.	Puits
					Bira	Thibet	Rivière
					Birch		Bouleau
					Bird		Oiseau
					Birké	Turq.	Étang
					Bish, Bisha	Perse	Bois; Désert
					Bit	Écosse	Petit
					Bitter water		Eau amère
					Biɣábón	Perse	Désert, étendue vaste
					Black		Noir
				B. S.	**Blacksmith Shop**		Atelier de forgeron
					Blast-furnace		Haut-fourneau
					Blue		Bleu
					Bluff	É. U.	Cap à pic, escarpé, butte, banc élevé.
					Bog		Fondrière, marais, tourbière
					Boggy		Marécageux
					Bog-land		Terrain marécageux
					— **well**		Puisard
					Boghaz	Turq.	Défilé, gorge; chenal, détroit
					Bok	Polynés.	Sable
					Boko	Niger	Gorge
					Bold		Escarpé, abrupt
					— **shore**		Côte à pic, falaise

	Abrév.	Terme	Région	Signification
		Bon	Siam	Haut, supérieur
		Bondag	Philipp.	Montagne
		Borders		Confins
		Bordering		Limitrophe
		Bordj	Turq. et Perse	Bourg fortifié; Tour
		Borgu	Niger	Herbage
		Borou	Turq.	Canal
	Boro.	Borough		Bourg; Ville ayant un Conseil municipal.
		Bos, Boz	Turkest.	Gris
		Bosogha	Turq.	Porte
		Bosom		Golfe
		Bostam	Turq.	Jardin potager
		Both sid		Les deux côtés
		Bothy	Ecosse	Hutte
	B. bot.	Bottom		Bas, dessous, fond, vallon
		Bound		Borne
	B., By	Boundary		Limites
□	By. M.	— mark		Borne de limite
		Bourd	Galles	Plat, uni
		Boyon	Thibet	Isthme
	B.	Box		Maisonnette; Buis
		Boyuk	Turq.	Grand
		Bozarg	Perse	Grand
		Brac	Ecosse	Côte
		Brackish water		Eau saumâtre
		Brag	Thibet	Rocher
		Brake		Fougère, fourré, broussailles
		Brambles		Broussailles, bois mort
	Br.	Branch, Branching		Embranchement
		Branch-railway		
		Brang	Thibet	Station, camp
		Brass		Bronze

				English		French
				Breac	Écosse	Marbré, tacheté
				Breaker		Brisant, récif
				Breac water		Jetée, brise-lames
				Breckan	Écosse	Bruyères
				Brent	Écosse	Élevé
				Brick-kiln		Four à briques
				Brick-field		Briqueterie
				Brickmaking		
			Br. br.	Bridge		Pont
				— of boats		— de bateaux
				— of gabions		— de gabions
				— raft		— de radeaux
				— head		Tête de pont
				— of railway		Pont du chemin de fer
				— of ropes		— de cordages
				— over à railw.		— sur un chemin de fer
			B. R.	Bridle road		Chemin pour chevaux
				Brig		Pont
				Brimstone		Soufre
				Brinish		Goût salé, saumâtre
				Bro	Ind. Chine	Forêt
				Broad		Large, étendu
				— gauge		Voie large
				Broken ground		Terrain accidenté
				— road		Route empierrée
				— up land		Pays coupé
			B.	Brook		Ruisseau
				Brough		Ville fortifiée
				Brun		Petit ruisseau
				Brunstane	Écosse	Soufre
				Brush		Broussailles, taillis
				Brushwood		

		Bldgs.	Bu	Thibet	Milieu, central
			Bud	Hindoust.	Vieux
			Buda, Bude	Niger	Camp
			Bug	Thibet	Cavité, profondeur
			Buildings		Fabrique, bâtiment, édifice
			Buk	Ind. Chin.	Grand
			Bûkit	Malais.	Hauteur, colline
			Bul	Tchad	Blanc
			Bulak	Turq.	Source
			Bulrush		Jonc
			Búm	Perse	Contrée, pays, terrain
			Bun	Ind. Chin.	Village
			Bunar	Turq.	Source de rivière
			Bund	Perse	Digue, barrage, écluse
			Bundari	E. Afriq.	Port
			Bunker	Écosse	Bouc
			Buntu	Célèbes	Montagne
			Buran	Asie Cent.	Tempête de neige
			Buri	Siam	Cité, ville
			Burnt		Brûlé
			Burnu, Burun	Turq.	Cap
			Burying place		Sépulture, cimetière
			Bústan	Perse	Parterre (jardin)
			Bush		Buisson, broussailles, fourré
			Buttress		Contrefort
			Buɣan	Turq.	Col, gorge
			Buɣuk	Turq.	Grand
			Buzuk	Turq.	Ruines
			Bɣang	Thibet	Nord
			Bɣe-ma	Thibet	Sable

C

	Cabin		Cabane, case, hutte
	Caer	Ecosse	Forteresse
	Čaï, Čǎj	Turq.	Fleuve, cours d'eau
	Cairn	Ecosse	Crête rocheuse
	Cajon	E. U.	Vallon planté de buis
	Calcar		Four à chaux
	Calder	Ecosse	Terrain boisé
C.	Cam	Galles	Tortueux, sinueux
	Cama	E. U.	Petit plateau
	Cambus	Ecosse	Baie
	Camp		Camp
	Camping		Campement
	Cañada	E. U.	Petit vallon
C.	Canal for irrigating		Canal d'irrigation
	Cane plantation		Plantation de canne
	Cañon	Esp. et E. U.	Défilé ou cluse creusés par les d'une rivière. Vallon, gorge
	Canton		Canton
	Cantonnement		Cantonnement
	Caolas	Galles	Détroit; Embouch. d'un fleu
C.	Cape		Cap, promontoire
	Capital		Capitale
Cn.	Capstan		Cabestan
	Capul	Ecosse	Cheval
	Car	Ecosse	Place fortifiée
Car.	Caravansary		Caravansérail
	Cardinal points		Points cardinaux
C. R.	Carriage road		Route carrossable
	Carne	Ecosse	Colline rocheuse

			Carse	Écosse	Terre fertile le long d'une rivière
			Cascade		Cascade
			Casern		Caserne
			Castle		Château-fort
			Casting house		Fonderie
			Cathair	Irlande	Bourg
			Cataract		Cataracte
			Cathedral town		Evêché (siége épiscopal)
			Cattle		Bétail
			— pen		Parc à bétail
			Cauf	Ecosse	Paille
			Causeway		Chaussée
			Cavern		Caverne
			Ceann	Ecosse	Contrefort, promontoire
			Cedar		Cèdre
			Ceja	E. U.	Falaise, rocher, escarpement
			Cell		Cellule
CEM ✝			Cemetery		Cimetière
		Cen.	Centre		Centre
			Cenn	Ecosse	Hauteur, montagne
			Cesspool		Puisard
			Cha, Sha	Ind. E. U.	Grand ; ville, village
			Cha	Thibet	Étendue
			Chadir	Asie Cent.	Maison, tente
			Chagan	Mongol	Blanc
			Chaget	Ind. E. U.	Embouchure de rivière
			Chah	Perse	Puits
			Chai	Turq.	Rivière, cours d'eau
			Chair	Turq.	Prairie
			Chain bridge		Pont suspendu
			Chak	Perse	Mine, creux, caverne
			Chaka	Thibet	Lac

					Term	Langue	Définition
					Chakko	Turq.	Mamelon
					Chalk-ky		Craie, marne ; crayeux
					Chalybeate		Ferrugineux
					Cham	Perse	Pin
					Chaman	Perse	Jardin, verger ; Pâturage
					Chamur	Turq.	Boue, vase
					Chanak	Turq.	Argile
					Chang	Thibet	Nord
			C.		**Channel**		Canal (de mer), passe, détroit
					Chapar-khané	Perse	Maison de poste, relais
				Chap.	**Chapel**		Chapelle
					Chardak	Turq.	Terrasse
					Charcoal		Charbon de bois
					Chart		Forêt ; carte
					Chashma	Perse	Fontaine, source
					Chasme		Ravin, abîme ; ouverture
					Chât	Inde	Espace compris entre 2 rivières
					Chatemuk	Ind. E. U.	Grands rochers
					Chau, Chou	Chine	Département
					Chauroha	Ind. et Perse	Carrefour
					Chawng	Siam	Passe, détroit
					Che	Chine	Digue, barrage
					Cheaou	Chine	Pont
			C.		**Check**		Obstacle
					Chekmeje	Turq.	Pont
					Chel	Turq.	Désert
					Chema	Thibet	Sable
					Chestnut		Châtaignier
					Cheng	Chine	Ville entourée de murs
					—	Ind. Chin.	Vallée
					Cherda	Afgh.	Butte érigée sur les tombeaux le long des routes
					Chergi	Afr. Cent.	Est

	Cheshme	Perse	Source, fontaine
	Cheul	Turq.	Désert
	Chi	Afriq. Cent.	Grand, gros
	Chia	Chine	Maison, demeure
	Chiang	Chine	Rivière
	Chiao	Chine	Pont
	Chie	Chine	Rue
	Chief		Principal (adjectif)
	— station		Station principale de ch. de fer
	— town		Chef-lieu
	Chien	Chine	Mille (nombre); Haut-fond, écueil
	Chieng	Laos	Ville
Chif. Ch.	Chiflik	Turq.	Ferme
	Chig	Ind. E. U.	Plage, côte, rivage
	Chiga	Perse	Colline
	Chi-li	Chine	Indépendant
	Chimen	Perse	Prairie
Chy.	Chimley, Chimney	Écos. et Ang.	Cheminée
	Chin	Chine	Ville ; l'Or
	Ching	Chine	Puits ; Capitale d'État
	Chir	Écosse	Brun, noir, obscur
	Chirjé	Turq	Couvent de derviches
	Chit	Turq.	Haie, limite
	Chiung	Chine	Frontière, limite
	Cho	Thibet	Lac
	Chog	Thibet	Contrée, région
	Chokku	Niger	Rocheux, rocailleux
	Chol	Asie Cent.	Plaine déserte
	Chong	Siam	Passe, détroit
	—	Tartare	Grand, gros
	Chop		Embouchure d'une rivière
	Chorak	Turq.	Marais

				Terme	Région	Signification
				Chosin spot		Lieu choisi
				Chot	Afriq. Nord	Lac
				Chota	Hindoust.	Petit
				— **gam**	Hindoust.	Hameau
				Chu, Chuan	Chine	Cours d'eau
				Chuang	Chine	Bourg, village
				Chu-dong	Thibet	Puits
				Chuen	Chine	Canal, rivière
				Chukur	Turq.	Fossé, trou, caverne
				Chul	Perse et Afgh.	Désert
				Chu-lu	Inde	Montagne, hauteur
				Chu-mig	Thibet	Source
				Chung	Chine	Pic, hauteur; centre
				Chung, Chong	Thibet	Petit
				Churang	Malais.	Crique, bras de mer
☩		⚓ ⚑		**Church**		Eglise, temple
				— **yard**		Cimetière
				Chusa, chuja	Thibet	Source chaude
				Chwang	Chine	Village agricole
				—	Yunnan	Caverne, antre
				Chwen	Chine	Rivière
				Cirque	E. U.	Bassin
			Cis.	**Cistern**		Citerne
				Citadel		Citadelle
				City		Cité, Ville
				Clachon	Écosse	Hameau; Pierres
				Clay, clayed		Argile, glaise; Argileux
				— **buid**		Bâti en boue
				— **pit**		Marnière, carrière d'argile
				— **soil**		Roche argileuse
				Cleugh	Irlande	Rocher
				Cliff		Falaise, précipice, écueil, brisants.

			Cliffy		Rocailleux, à falaise
			Cloister		Couvent, cloître
			Close		Enclos, fermé
			Closed road		Rade fermée, abritée
			Clove	E. U.	Gorge, ravin
			Cluster of islands		Groupe d'îles
			Coad	Celtique	Bois
			Coal		Charbon de terre
			— basin		Bassin houiller
			— field		Gisement houiller
			— ground		Terrain houiller
			— mine		
			— pit		Mine de houille, houillère
			— work		
			Coast		Littoral, rivage de la mer
			Coffee		Café
			Coill	Irlande	Forêt
			Coke ovens		Fours à coke
			Col		Col, passage élevé
			Cold		Froid
			Colony		Colonie
			Common		Commune
			Confines		Confins
			Confluent		Confluent
			Connecting road		Chemin de communication. Voie de raccordement.
			Convent		Couvent
		C.	Cop	Ecosse	Creux, cavité
			Copper		Cuivre
			— district		Gisement de cuivre
			— foundary		Fonderie de cuivre
			— mine		Mine de cuivre
			Copse		Taillis, petit bois

	Terme	Région	Traduction
	Coral		Corail
	Cork		Liège
	Corri	Ecosse	Caverne
	Corn		Blé, maïs
	— mill		Moulin à blé
	Cos	Ind. E. U.	Pâturage, herbage, gazon
	Cottage		Maisonnette, maison de campa[gne]
	Cotton mill		Filature de coton
	— spinning		
	— wood		Peuplier du Canada
	Country		Contrée, pays
	— house		Maison de campagne
	Cove		Petite baie, anse, crique
cov.	Covered		Couvert, abrité
	Cowry		Cauris, coquillage servant de mo[n]naie en Afrique et dans l'I[nde]
	Craig, Crag	Écosse	Rocher escarpé
	Craggy		Abrupt
C.	Crane		Grue
	Crann	Ecos. et Irl.	Arbre
	Crater		Cratère
C. Cr.	Creek		Anse, petit port ; Ruisseau ([en] Amériqu[e])
Cres.	Crescent		Croissant
	Crest		Crète
	Crooked		Tortueux, sinueux
C.	Cross		Croix
	— road		Carrefour, Passage à nivea[u], Chemin de traver[se]
	Crossing		Chang[t] de voie, croisement, carrefo[ur]
	— point		Point de croisement
C. cul.	Culvert		Ponceau, rigole, conduit sou[s]terrai[n]
	Couring house	E. U.	Sucrerie
	Currach	Écosse	Canot
	Currency	E. U.	Dollar en papier, Monnaie

			C.	Custon-house	Poste de douane
				Cut, Cutting	Canal, tranchée de ch. de fer, Chemin de traverse

D

				Daan	Philipp.	Route
				Daban	Mongol	Col, passage
				Dàbar	Hindoust.	Marais, fondrière
				Dadze	Guinée	Côte, rivage
			D.	Dag, Dagh	Turquie	Montagne, rocher
				Daga	Tchad	Lac
				Dagat	Philipp.	Mer
				Daïa	N. Afrique	Petite dépression
				Dairy		Laiterie
				Dainu	Ind. E. U.	Ville
				Daira	Inde	Village, auberge, gîte
				Dairah, Dairat	Malais.	Province, territoire
				Dak	Ind. Chin.	Rivière
				Dakhni	Hindoust.	Sud
				Dal	Écosse	Prairie, plaine
				Dala	Tartare	Champ, steppe
				Dale		Vallée, vallon
				Dalle	E. U.	Rapide (fleuve)
				Dam		Digue, barrage, jetée
				—	Laos et Siam	Noir
				—	Thibet	Marais
				Damana	Perse	Pied de la montagne
				Dam-bu	Thibet	Roseaux
				Damele	Nouv. Guinée	Inondation
				Damka	Hindoust.	Monticule
				Damp		Humide

	Terme	Langue	Signification
	Dan	Siam	Station de douane
	Dănau	Malais.	Lac
	Dang	Hindoust.	Hauteur, sommet, précipice
	—	Thibet	Froid ; Station, camp
	Da no	Ind. E. U.	Hauteur, montagne
	Dar	Arabe	Maison ; contrée
	—	E. Afriq.	Port
	Dara	Perse	Vallée ; passe
	Dar-band	Perse	Passe difficile
	Daria	Perse	Cours d'eau
	Dark		Obscur, sombre, noir
	Darwăza	Perse	Porte
	Dash	Turq.	Pierre, rocher
	Dasht	Perse	Steppe, plaine, désert
	Davan	Turq.	Passe haute et difficile
	Dawng	Siam	Forêt profonde
	Day Ranges		Alignements de jour (amers)
	— **Beacon**		Balise de jour
	Dazh	Perse	Sables mouvants
	Dbus	Thibet	Centre, milieu
	Ddu	Écosse	Noir
	Deal		Sapin
	Dean	Écosse	Vallée
	Dearg	Ecosse	Rouge
	Deep		Profond, creux ; Abîme
	— **valley**		Vallée profonde
Def.	**Defaced**		Dégradé, mutilé
	Défilé		Défilé
	Dega	Ind. E. U.	Plaine
	Deh	Perse	Village
	Deir	Turq.	Couvent de derviches
	Deirmen	Turq.	Moulin

	Dek	Alaska	Ruisseau ; anse
	—	Cambod.	Fer
	Delta		Delta
	Dem	N. Afrique	Village
	Demir	Turq.	Fer
	— kapu	Turq.	Porte de fer
	— yalu	Turq.	Chemin de fer
	— yeri	Turq.	Mouillage
	Den, Dene	Écosse	Vallée
	Den	Annam	Noir
	Deniz, Dengiz	Turq.	Mer, grand lac
	Deo	Annam	Col
	Department		Département
	Depth		Profondeur
	Der	Écosse	Eau
	—	Perse	Porte
	Derbend	Perse	Col, passage
D.	**Dere**	Turq.	Vallée avec rivière
	Deriachi	Perse	Lac
	Desert		Désert
	Desht	Perse	Plaine
Det.	**Detached**		Détaché
	Deyirme	Turq.	Moulin à vent
	Dhal	Hindoust.	Pente, déclivité
	Dharmsala	Thibet	Auberge
	Didi	Ind. Chine	Petit
	Dihat	Perse	Contrée
	Dike, Dyke		Digue, barrage
	Dil	Turq.	Pointe, isthme
	Dille	Soudan	Fossé, rigole
	Ding	Thibet	Dépression, col
	Dink	Ind. Chine	Capitale de Province, ville de 2e ordre

		Terme	Origine	Signification
		Diouze	Perse	Plaine
		Dip, Diva	Hindoust	Ile
		Dirt		Limon
		Distillery		Distillerie
		District		District, arrondissement
D.		Ditch		Fossé, tranchée
		— filled		Fossé comblé
		Diu	Inde	Ile
		Diz	Perse	Forteresse, château
		Djami	Turq.	Mosquée
		Djaou	Perse	Canal
		Djebel	Arab. et Turq.	Montagne
		Djedid	Turq	Nouveau, neuf
		Djezire	Turq	Ile
		Djil	Afg.	Lac marécageux
		Djilga	Afg.	Vallée
		Djolshik	Turq.	Etang
		Do	N. Guinée	Forêt, bois
		—	Thibet	Pierre
		Doab	Afg.	Pays entre deux cours d'eau
		Dobur	Écosse	Source, puits
		Dodd	E. U.	Hauteur isolée
		Dog	Thibet	Ravin torrent
		Doi	Siam	Montagne
		Dol	Écosse	Plaine
		Dolon	Mongol.	Sept (nombre)
		Don	Siam	Ile
		Dong	Cambod.	Est
		—	Thibet	Creux, tourbillon
		—	Tartare	Hauteur, montagne
		Doon	Écosse	En bas, en aval
		Door		Porte

			Dor	Thibet	Rocher
			Dorok	Turq.	Pic
		D. F.	Double Fence		Barrière, enceinte double
? D.P			Doubtful position		Position douteuse
			Douz	Turq.	Sel
			Down		Dune, butte de sable
			— hill		Pente
			— stream		En aval
			— wards		
			Dra	Arabe	Pâturage dans une région de dunes
			Draft		Dessin, plan, projet
		D.	Drain		Rigole, conduite d'eau
			Draw-bridge		Pont-levis, pont tournant
			— well		Puits à treuil
			Drawing		Dessin, plan
			Dren	Polyn.	Eau
			Dried		Tari, desséché
			Drift		Diluvium (dépôt de terre et rochers)
			—	N. Afriq.	Gué
			— sand		Sables mouvants
		D. Fn.	Drinking Fontaine		Fontaine d'eau potable
			Dry		A sec (rivière)
			Du, Dhu, Dubh. Do, Die	Ecos. et Irl.	Noir
			Duar	Arabe	Village
			—	Inde	Col, passage
			Dud	N. Afriq.	Forêt
			Dug	Thibet	Terre inculte
			Dun		Tertre, remblai
			—	Inde	Vallée
			Dune		Dune
			Dung	Thibet	Hauteur, colline
			Dusun	Malais.	Hameau

						Dweller		Habitant
						Dwelling house		Maison d'habitation, logis
						Dye house		Teinturerie
						Dza	Thibet	Argile, glaise
						Dzaï	Afg.	Tribu, clan
						Dzong	Thibet	Forteresse, chef-lieu de Préfecture

E

						Eanua	Nouv. Guinée	Village
						Earth		La terre, monde, univers
						— **bank**		Levée de terre, remblai, talus
						Earthquake		Tremblement de terre
				E.		**East**		Est, Orient
						Eastern		Oriental
						Eastward		Vers l'est, à l'Orient
						Eavana	Nouv. Guinée	Ouest
						Ebb		Reflux, jusant
						Ebe	Cameroun	Bois, forêt
						Ebor	E. Afrique	Puits
						Eccles	Ecosse	Eglise
						Ed	Soud. Egyp.	Puits du désert
						Eddy		Remous, tourbillon
				E.		**Edge**		Bordure, lisière
						Edifice		Edifice
						Egri	Turq.	Sinueux, tortueux
						Eight		Huit
						Eilean		Ile
						Ejidi	Cameroun	Bois, forêt, broussailles
						Ejman	Polynés.	Pierre
						Eka	Ind. E. U.	La terre

Eken	Mongol.	Sommet, cime
Eko	Côte de l'Or	Lac, étang, marais
El	Somali.	Puits
Ellan	Ecosse	Ile
Elm		Orme
Elsïn	Mongol	Sable
Elu	Afr. Cent.	Haut, sommet, cime, faîte
Em	Polyn.	Terre, pays, nation
Emba	Nil	Eau
Embankment		Remblai, digue, levée
Empire		Empire
En	Galles	Rivière
End		Bout, extrémité
Enez	Écosse	Ile
Engraving		Gravure
Ennene	N. Guinée	Eau
Enshir	N. Afriq.	Amas de ruines
Epirawe	Mozamb.	Chute d'eau, cascade
Equator		Equateur
Ere	Afriq. Cent.	Village
Erg	N. Afriq.	Dunes
Eroded		A bords découpés irrégulièremᵗ
Errek	Polyn.	Petit
Eserva	Tartare	Pluie
Esher	E. U.	Hauteurs sinueuses de sable
Eshi	Turq.	Vieux
Esk	Celtique	Eau, cours d'eau
Eskele	Turq.	Débarcadère
Eski	Turq.	Vieux
Esse	Niger	Sentier
Establishment		Etablissement
Estuary		Estuaire

Esuka	Tartare	Rivière
Eti	N. Afrique	Prairie
Eto	Ind. E. U.	Forêt
Etta	Turkest.	Ville
Eukit	Malais.	Hauteur, colline
Eung	Ind. Chin.	Montagne
—	Polyn.	Nord
Euren	Turq.	Ruines
Euɣuk	Turq.	Monticule
Euzu	Tartare	Ruisseau
Ev	Turq	Maison
Evergreen		Toujours vert
Ewaso	E. Afriq.	Eau, rivière
Explanation		Explication, notice explicative
Exundation		Inondation, débordement
Eɣa	Niger	Tribu
Eɣi	Sahara	Eau
Ezbah	Egypte	Hameau

F

Fa	Écosse	Chute d'eau
...	Soudan	Montagne
Faa	Polyn.	Vallée
Fabric		Édifice, fabrique
Factory		Comptoir, usine, manufacture
Fad	Galles	Long, étendu
Fae, Frae	Écosse	de..... à partir de...., depuis....
Fae	Polyn.	Maison, demeure
Faire	Sahara	Plaine nue et aride
Faka	Guinée	Baie, golfe

		Terme	Région	Signification
		Fale	Polyn.	Maison, demeure
		Fall		Chute d'eau, cascade
		Fan	Haut-Nil	Village ; terre, contrée
		—	E. U.	Cône de déjections torrentiel
		Fang	Chine	Hameau, maison
		Fanza	Chine	Maison, ferme
		Far		Lointain
		Fara	Guinée	Torrent
		Fare	Polyn.	Maison, demeure
Fm.		Farm		Ferme, métairie
		Farther		Au-delà
		Fathom		Brasse, toise $= 1^m 83$
		Father-land		Patrie
		Fau-fu	Chine	Bouée
		— tau	Chine	Rade
		Fawr	Écosse	Grand
		Feces		Boue, lie, dépôt
		Fed, Feed		Pâturage
		Feij	N. Afr.	Vallée entre des dunes
		Fell	Écosse	Colline, montagne / Flanc de la colline
		Fen		Marais, marécage
F.		Fence		Haie, palissade, clôture, retranchement
		— wal		Mur de clôture
		Fener	Turq.	Phare
		Feng	Chine	Pic
		Fen mu	Chine	Tombe
		Fenua	Polyn.	Terre, village
		Ferik	Soudan	Village
		Ferry		Bac (Endroit où le bac est établi)
		— boat		Vapeur pour la traversée d'une rivre
		— vehicles		Bac pour véhicules

				Ecos. et Irl. / Ecosse / Islande / Australie	
			Field		Champ ; clairière d'une forêt
			Fill		Remblai
			Finger post		Poteau indicateur
			Fiodh	Ecos. et Irl.	Arbre
			Fir		Pin sauvage
		F.	Fire		Feu
			Firestone		Pierre à feu
			Firetower		Phare
			Firth		Détroit, chenal, estuaire
			Fishing place		Pêcherie, lieu de pêche
			Fite	Ecosse	Blanc
			Five		Cinq
			Fixed bridge		Pont dormant
			Fjall	Islande	Montagne
			Fjörd	Islande	Fiord
			Flag		Drapeau
		F. S.	Flagstaff		Mât de pavillon
			Flagstone		Dalle
			Flat		Plat, uni, bas-fond; plaine
			--	Australie	Vallée
			Flaught	Ecosse	Éclair, éclat de lumière
			Flax mill		Filature de lin
		F.	Fleet		Crique, anse, bras de rivière
			Flint		Silex, cailloux
			— stone		Pierre à feu
			Flinty		Caillouteux
			Fljót	Islande	Cours d'eau
			Floating mill		Moulin flottant
			Floe		Glacier, amas de glaces flottantes, banquise
			Flood		Inondation
			Flower		Fleur
			Flowing		Cours de la rivière

	Flying bridge		Pont volant
	Fo	Laos	Montagne
	Fof	Sénég.	Eau
	Fog Bell		Cloche d'alarme
	— Whistle		Sifflet
	Fold		Parc à bétail
	Fon	Chine	Vent
	Fondo	Afr. Cent.	Route, sentier
F.	Foot (pl : Feet)		Pied (mesure $= 0^m3048$)
  F.B. F.Br.	Foot-bridge		Passerelle
F. P.	Foot-path		Sentier pour piétons
	— way		Trottoir
	 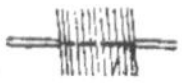 Ford		Gué
f.	Fordable		Guéable
	Fordani	E. Afriq.	Maison de douane
	Forest		Forêt
	— house		Maison forestière
	Forge		Forge
	Fork		Bifurcation de route
	—	E. U.	Gros affluent
Ft. Ft.	Fort		Fort
	Fortress		Forteresse
	Foss	Islande	Chute d'eau
	Fotoi	Ch. et Tart	Mesure de longueur valant 3 kilom. environ
	Fou, Fu	Chine	Monticule, tertre, levée de terre, remblai, retranchement, rempart, digue
	Foundery		Fonderie
Fn.	Fountain		Fontaine
	Four		Quatre
	Free		Libre, jouissant de la franchise
F. C.	— church		Eglise libre
	Frem	Écosse	Etranger
	Fresh, Freshet		Courant d'eau douce, crue

	Fresh water		Eau douce
	Frith	Écosse	Détroit, bras de mer
fr.	From		de...., à partir de.....
	Frontier		Frontière
	Fu	Chine	Préfecture, ville de 2e ordre, capitale de district.
	Fum	N. Afrique	Défilé, embouchure
	Fumarole	E. U.	Source d'eau bouillante, geyser
	Funduk	N. Afriq.	Magasin, entrepôt, dock
F.	Furrow		Sillon, petite dépression
	Furze		Bruyère

G

	Term	Région	Définition
	Gabai	Nouv. Guinée	Fossé
	Gabbaz	Afr. Cent.	Est
	Gabbi	Australie	Eau
	Gachun	Thibet	Relais dans le désert
	Gad	Hindoust.	Borne, limite
	Gadong	Malais.	Maison, demeure
	Gad-pa	Thibet	Falaise, rocher
	Gàh	Perse	Localité
	Gahoste	Ind. E. U.	Plaine
	Gahri	Hindoust.	Terrain bas et marécageux
	Gail, Gayal	Hindoust.	Chemin, sentier
	Gal	Thibet	Gué
	Gala	Soud. Egyp.	Fort sur une hauteur
	—	Cingalais	Montagne, hauteur
	Galana	N. Afr.	Rivière
	Galt	Egypte	Réservoir
	Gam	Hindoust	Village
	Gamat	Sanscrit	Chemin, sentier

				Gan	Ind. E. U.	Lac
				Gana	Afriq. Cent.	Petit
				Gang	Sanscrit	Cours d'eau
				—	Thibet	Glace; Eperon de montagne
				Ganga	Inde	Rivière
				Ganj	Bengale	Magasin, entrepôt, dépôt
				Ganon, Gaon Ganw.	Hindoust.	Ville, district
				Gap		Brèche, ouverture étroite
				Gar	Thibet	Camp permanent
				Gâr	Perse	Grotte, caverne
				Gara	N. Afriq.	Chaine de hauteurs
				—	Sanscrit	Fossé, puits, caverne
				Garbh	Écosse	Escarpé
		Gdn.		**Garden**		Jardin
				Garh	Hindoust.	Hauteur, château, fort
				Gari	Afr. Cent.	Pays, contrée, région ; Ville
				Garrison		Garnison, place forte
				Garmsir	Perse	Terres chaudes
				Garth		Enclos
		G.		**Gate**		Passage, barrière, grille, écluse, porte
				Gau	Chine	Port
				Gau gau	Yunnan	Mer
				Gauge		Largeur d'une voie ferrée
				Gdir	Arabe	Golfe, tourbillon d'eau, gouffre
				Geal	Irlande	Blanc
				Gebel	Arabe	Montagne
				Ged	N. Afrique	Arbre, broussailles
				Gedik	Turq.	Col
				Gedonh	Malais.	Magasin, entrepôt, dépôt
				Geh	Hindoust.	Demeure, habitation
				Geodesy		Géodésie
				Geography		Géographie

					Geok	Turq.	Bleu
					Gern	N. Afriq.	Pic
					Gesh	N. Afriq.	Broussailles
					Geul	Turq.	Lac
					Ghar	Hindoust.	Habitation, demeure
					Ghari	Hindoust.	Vallée, ravine
					Ghat	Inde	Col, passage
					Ghedik	Turq.	Col, passage
					Ghedir	N. Afriq.	Petit réservoir
					Gheshed	Turq.	Gué
					Gheuz	Turq.	Source
					Ghoe	Haïnan	Rivière
					Ghol	Tartare	Lac
					Ghur	Afgh.	Montagne
					Ghurd	N. Afriq.	Grande dune
					Gil	Persan	Argile
					Gill	Écosse	Ravin étroit
					Gilli	Australie	Crique, bras de mer
					Gilt		Doré
					Gird	Perse	Environs
				gir.	**Girder**		Longrine, traverse
					Girdle		Enceinte, ceinture
					Giri	Hindoust.	Hauteur, colline
					Glacier		Glacier
					Glade		Clairière
					Glas	Écosse	Gris, bleu
					Glass work		Verrerie
					Glen	Écosse	Vallon, vallée étroite, défilé, gorge
					Go	Thibet	Source de rivière
					God	Perse	Lac
					—	N. Afriq.	Trou, creux, caverne
					Goend	Hindoust.	Faubourg, banlieue

		Origine	Signification
	Gog	Thibet	Ruines
	Gok	Turq.	Gris
	Gol	Mongol	Petit cours d'eau
	--	Tartare	Lac
	Gold		L'Or
o	— mine		Mine d'or
	Golea	Arabe	Petit château
	Gon	Ind. E. U.	Terrain argileux
	Gong	Inde	Village
	Gonpa	Thibet	Monastère
	Good Water		Eau potable
	Goram		Terrain rocailleux
	Gorm	Écosse	Bleu
	Government		Gouvernement
	Goz	Soud. Egyp.	Petite colline de sable
	Grade		Pente, inclinaison d'une route
	Gram	Thibet	Marais
	Grâm	Hindoust.	Village
G.	Grass		Herbage, pâturage, gazon
	Grave		Tombeau, tombe
	Gravel		Gravier
	— pit		Sablonnière
Gr.	Great		Grand
	Green		Vert (couleur) ; Praire, gazon
	— prairie		Prairie verte
	Greh	Sanscrit	Demeure, habitation
	Grêt		Grès, pierre de taille
G. m.	Grist-mill		Moulin à tarine
	Grog	Thibet	Ravine, torrent
	Grong	Thibet	Ville
	Grot, Grotto		Grotte
	Ground		Sol, territoire, terrain

				Gr.	Grove		Bosquet, boccage
					Gu	Nouv. Guinée	Eau, rivière
					Gubat	Philipp.	Forêt, bois
					Gudar	Perse	Col, passage
					Guha	Sanscrit	Creux, caverne
					Guiang	Chine	Bois
				G. P.	Guide post		Poteau indicateur
					Gul, Gur	Thibet	Tente ; pente de la montagne
					Gulf		Golfe
					Gully	E. U.	Goulet, passe
					Gum	N. Afr.	Montagne
					Gumbaz	Turq.	Tombe
					Gumbed	Perse	Tombeau de Marabout
					Gummat	Hindoust.	Tour
					Gumush	Turq.	Argent
					Guna	Afr. Cent.	Petit
					Gunga	Thibet	Œuf
					Gunong	Malais.	Montagne
					— api	Malais.	Volcan
					Gur	Turq	Tombeau, tombe
					Gurgi	N. Afr.	Hutte
					Gushing Water		Jet d'eau
					Gusong	Malais.	Banc de sable
					Gut		Passage, chenal
					Guzar	Perse	Bac, Passage
					Gwaso	Afr. Cent.	Cours d'eau ; lac
					Gyun	Thibet	Cours d'eau

H

	Ha	Ind. et Calif.	Eau
	Há	Ecosse	Palais, collège
	Habe	Ind. E. U.	Montagne, hauteur
	Hada	Chine	Chaîne de montagnes
	Hadji	Turq.	Pèlerin (Saint)
	Hafir	Arabe	Fossé, excavation
	Hagar	Arabe	Pierre
	Hagg	Ecosse	Broussailles
	Hai	Chine	Mer : quelquefois lac
	Haigh, Hay		Endroit, lieu environné de haies
	Hai-Kio	Chine	Cap, promontoire
	— moum	Chine	Estuaire
	Hait	Arabe	Mur, muraille
	Ha i tan	Ind. Calif.	Ville, village
	Hai-ao	Chine	Ile
	Hai-wan	Chine	Baie
	Hai-yau	Chine	Golfe
	Hajar	Arabe	Pierre, rocher
	Half		Demi
	— way		Mi-chemin
	Halft	Ecosse	Demeure
	Hall		Palais, édifice
	Halt		Halte, arrêt
H. P.	Halting-Place		Gîte d'étape
	Ha Luong	Ind. Chine	Arbre
	Haly	Ecosse	Saint
	Ham	Ind. E. U.	Rocher
	Hamar	N. Afriq.	Rouge

	Hame	Ecosse	Maison, logis
	Hamis	Afriq. Cent.	Eau stagnante
	Hamlet		Hameau, petit village
	Hamma	Arabe	Eau chaude
	Hammam	Turq.	Bains ; Eaux thermales
	Hamún	Perse	Désert ; Lac aux bords maré-cageux
	Han	Turq.	Auberge, hôtellerie, cabaret
	Hang	Chine	Sec, aride
	Hanging bridge		Pont suspendu
	Han-hai	Mongol	Mer de sable
	Hanua	Nouv. Guinée	Village
	Hao	Chine	Fossé, tranchée
	Haoz, Hauz	Perse	Réservoir d'eau. citerne
	Hara	N. Afrique	Arbre
H.	**Harbour**		Port
	Hard clay		Argile dure
	Hard bank		Banc de roches
	Hari	Shanghaï	Eau, rivière, lac, mer
	Hashakut	Ind. E. U.	Lac
	Hashish	Arabe	Pâturage
	Hasi	Hossania	Fontaine, source, puits
	Hat, Hatsai	Siam	Banc de sable
	Hatching		Hachures
	Hato	Mongol.	Pierre, pierreux
	Hattija	Turq.	Petite oasis
	Haugh		Vallon, pré
	Haul	Formose	Rivière
	Hause, Hows	Lac District	Col
	Haveli	Turq.	Ferme
	Haven		Port
	Hbabchu	Thibet	Petite rivière
	Hbrog	Thibet	Terre inculte

		Hdam	Thibet	Marais, marécage
		Head		Source d'une rivière, partie supér^{re}, fond d'un golfe
		—	Australie	Pointe, promontoire
		Headland		Cap
		Heart		Centre
		Heat		Chaleur
		Heath		Lande, bruyères
		Heavy		Lourd
		Hedd	N. Afriq.	Forêt
	H.	Hedge		Haie
	H. R.	— row		Bordure de haies
		Hei, He	Chine	Noir
		Heid	Arabe	Mont
		Height		Hauteur, altitude
		Hel	Turq.	Humide, mouillé
		Hell	N. Afriq.	Puits
		Hellet	N. Afriq.	Village
		Het	Ecosse	Chaud
		Heugh	Écosse	Précipice
		Hia	Chine	Préfixe qui signifie : Bas, petit
		—	Ind. E. U.	Prairie
		Hide		Mesure agraire = 24 à 48 hectares
		Hiding Place		Retraite, asile
		Hien	Chine	Chef-lieu de district
	H.	High		Haut, élevé, grand
		— furnace		Haut-fourneau
		— road		Grande route
	H. W.	— water		Grande marée
	H. w. m	— — mark		Niveau des hautes eaux
		Hil	Hindoust.	Boue, vase
		Hill		Colline, hauteur
		Hilla	Soud. Egyp.	Village

	Hillock		Monticule, tertre
	Him, Hima	Sanscrit	Neige, glace, froid
	Hin	Siam	Pierre, rocher
	Hissar	Turq.	Château, fort
	Hittuuk	Ind. E. U.	Arbre
	Hiu	Chine	Falaise, rocher ; Marché
	Hive		Ruches d'abeilles
	Ho	Chine	Cous d'eau, lac, marais
	Hoa	Ind. Chine	Bâteau, chaloupe
	Hoai	Siam	Cours d'eau
	Hoang	Chine	Agreste, sauvage, inculte
	Hofra	N. Afriq.	Fossé, tranchée
	Hohu	Chine	Bois, forêt
	Hoil	Ind. Chin.	Cours d'eau
	Hoka	N. Afrique	Rivière
H.	Hole		Trou, caverne, creux, fosse
	Hollow		Creux, dépression
	— road		Route en déblai
H. w.	— way		
	Holm	Écosse	Rive plate
	Holy		Saint, sainte
	Hon	Annam	Hauteur ; Ile
	Hoowi	Siam	Affluent
	Hor	Etats Chans.	Fleuve, rivière
	Horse ferry boat		Bac pour les chevaux et le bétail
	Horse mill		Moulin à manège
	Hosn	Arabe	Forteresse
	Hospital		Hôpital
	Hostlery		Hôtellerie
	Hot		Chaud
	—	Ind. Chine	Rivière
	Hota	Mongol	Ville

				Hote	Chine	Montagne
				Hotk	Polyn.	Pierre, rocher
				Ho-to	Chine	Ville, grand village
				Ho-tun	Chine	Phare
H.				House		Maison, demeure
				Hovel		Baraque, hutte
				How	Écosse	Creux, dépression
				Howm	Écosse	Rive plate
				Hrad	Sanscrit	Marais, lac
				Hsi	Chine	Marécage
				Hsia	Chine	Bas, inférieur
				Hsiang	Chine	Région, village ; petite allée
				Hsiao	Chine	Petit
				Hsien	Chine	District ; Capital de district
				Hta	Siam	Quai de débarquement
				Hu	Chine	Lac ; Gorge
				Hua	Chine	Fleur
				Huë	Siam	Affluent
				Huge		Immense, vaste, étendu
				Hulu	Malais.	Source d'une rivière
				Hundred		Cent
				Hunk	Ind. E. U.	Chute d'eau
				Hurst		Colline boisée
				Hut		Hutte, baraque
				Hutan	Malais.	Bois
				Hwang	Chine	Jaune

I

Ia	Ind. Chin.	Cours d'eau, torrent
Iar	Galles	Ouest
Iavu	Chine	Eau
Ibu	N. Afrique	Vallée
Ice		Glace
— berg		Banc de glace
— clad		Recouvert de glace
field		Champ de glace
Iche, Ichere	Turq.	Intérieur
Id	Soud. Egyp.	Puits du désert
Ieni	Turq.	Nouveau, jeune
Ieshil	Turq.	Vert
Ifri	N. Afriq.	Grotte, caverne
Igiz	Turq.	Elevé, grand
Ii	Chine	Eau
Iilga	Turq.	Rivière
Ike	Thibet	Est
Iki	Mongol.	Grand, large
Il, Ilyat	Turq.	Village
Ila, Ili	Turq.	Supérieur, haut
Iliase	Perse	Endroit cultivé
Ilije	Turq.	Sources chaudes
Ilog	Philipp.	Rivière
Im	Chine	Demeure
Impraticable road		Route impraticable
In	Pamir	Col
Inch		Pouce (mesure = 0m025 1)
_In._ Inch, Inish	Ecosse	Ile
Inchike	Asie Cent.	Etroit, petit, resserré

	Terme	Région	Signification
	Indzle	Écosse	Feu
	Injé	Turq.	Étroit, resseré
	Inland		Intérieur
	Inlet		Entrée, passage, anse, petit bras de mer
	Inn		Auberge
	Inside		Intérieur, dedans
	Insu	Côte de l'Or	Eau
	Inver	Écosse	Confluent, embouchure
	Iokara	Turq.	Supérieur
	Iol	Turq.	Route, chemin
	Ion	Sénég.	
	Ios	Écosse	Bas
	Ira	Dahomey	Marais, marécage
	Iril	N. Afriq.	Hauteur, colline
	Irmak	Turq.	Rivière
i.	**Iron**		Fer
	— **bridge**		Pont en fer
	— **foundery, foundry**		Fonderie de fer
	— **mine**		Mine de fer
	— **mill**		Forges, haut-fourneaux
	— **work**		
	Isa	Afr. Cent.	Rivière
	Ish	N. Afriq.	Pic
	Iske	Turq.	Inférieur
	Iskele	Turq.	Port, débarcadère
	Iski	Turq.	Vieux
l.	**Island, Isle**		Ile
	Issik	Turkest.	Chaud
	Istavros	Turq.	Croix
	Isthmus		Isthme
	It, Iti	Polyn.	Petit
	Itam	Malais.	Noir

J

	Terme	Origine	Signification
	Ja	Perse	Lieu, endroit
	—	Thibet	Etendu
	Jada	Perse	Chemin, sentier
	Jadid	Arabe	Neuf, nouveau
	Jala	Sanscrit	Lac
	Jalan	Malais.	Rade
	Jam	Ind. E. U.	Neige ; blanc
	Jam, Jami	Turq.	Mosquée
	Jangal	Hindoust,	Bois, forêt
	Jarita	Hindoust.	Broussailles, taillis
	Jarwing	Écosse	Flottant
	Jay	Turq.	Lieu, endroit
	Jeel	Inde	Eau stagnante, lagune
	Jenan	N. Afrique	Jardin
	Jenjub	Turq.	Méridional
	Jervun	Ind. E. U.	Cours d'eau
	Ji. Gi	Niger	Village, eau
	Jih	Chine	Station de poste
	Jilgha	Turq.	Vallée étroite et profonde
	Jong	Thibet	Vallée large
	Jo, Ju	Perse	Cours d'eau, ruisseau
	Jubb	Arabe	Puits de mine
	Jug	Thibet	Au-dessous, en bas ; Embouchure
Jn.	**Junction**		Embranchement

K

Ka	Arabe	Plaine
—	Congo	Petite rivière
—	Ind. E. U.	Forêt
—	Yunnan	Elevé, haut, grand
— Kaba	Thibet	Neige
Kaba-Kum	Turq.	Gravier
Kabich	Turq. et Perse	Ferme, métairie
Kabila, Kabileh	Perse	Tribu
Kachcha	Pendjab	Terre inondée annuellement
Kadim	Arabe	Vieux
Kadis	Turq.	Saint, sainte
Kaf, Kef	Arabe	Escarpement
Kafr	Arabe	Village
Kaga	Afr. Cent.	Forêt
Kaï	Chine	Marché, bazar
Kaïr	Turq	Prairie
Kaïriz	Turq.	Endroit cultivé
Kakat	E. U.	Rivière
Kakh	Perse	Palais, ville
Kakir	Turq	Terrain dur et aride
Kala, Kalat	Turq et Perse	Villlage, forteresse, château
Kala'a	Perse	Cabane, demeure
Kalan	Perse	Grand
Kale	Turq.	Château, fort
Kalga	Turq.	Ville, place forte
Kali	Malais.	Rivière
Kallu	Inde	Rocher, falaise
Kam	Ind. Chine	Village

				Kam, Kham	Thibet	Région
				Kame	E. U.	Petite colline, caillouteuse
				Kamish	Asie Cent.	Roseau
				Kampong	Malais.	Enclos
				Kamsin		Simoun, vent du désert
				Kan	Inde	Carrière, mine
				Kana, Kanat	Perse	Canal, aqueduc souterrain
				Kanan	Arabe	Chaîne de montagnes, éperon
				—	Sanscrit	Forêt, désert
				Kandi	Afgh.	Quartier de la ville
				Kang	Chine	Chaîne de montagnes, village
				—	Thibet	Maison, demeure
				Kantara	Arabe	Pont
				Kao	Chine	Haut, élevé, grand
				Kapa	Turquie	Hutte, cabane
				Kâpal	Malais.	Bâteau
				Ka pe	Calif.	Rivière
				Kapu	Turq.	Porte, passage
				Kar	Turq.	Neige
				—	Thibet	Château-fort, citadelle
				Kara	Turq. et Perse	Noir
				Karang	Malais.	Récif de corail
				Karaoul **Karakol**	Turq.	Poste armé, corps de garde
				Kardak	Turq.	Maison de douane
				Kare	Afriq. Cent.	Rivière
				Kârez	Perse et Afgh.	Aqueduc souterrain
				Karia	N. Afriq.	Village permanent
				Karin	N. Afriq.	Col, passage
				Karlu	Turq.	Couvert de neige
				Karn	Arabe	Colline en pointe
				Kartan	Turquie	Vieux

			Karvan-Seraï	Perse	Auberge, caravansérail
			Kasab, Kassaba	Turq.	Ville, bourg
			Kasba	N. Afriq.	Petite ville, citadelle
			Kash	Turq.	Côte, rivage, bord
			Ka sho	Calif.	Lac
			Kashun	Mongol	Saumâtre
			Kasr	N. Afriq.	Château, palais ; Ouvrage de fortification
			Kather	Mongol	Territoire, terrain, lieu
			Katilish	Turq.	Confluent
			Katta	Asie Cent.	Grand
			Kattik	Turq.	Terre ferme et dure
			Kau	Chine	Embouchure d'une rivière
			Kauit	Philipp.	Courbé, sinueux
			Kavir	Perse	Grand
			Kaw	Malais.	Ile
			Kawa	Thibet	Neige
			Kaya	Afr. Cent.	Ville
			—	Turq.	Rocher, falaise
			Kazar	Perse	Caverne
			Kber	Arabe	Tombe
			Ke	Thibet	Col, gorge
			Keao	Haïnan	Pont
			Kebir	Arabe	Grand
			Keché	Turq.	Tente, hutte
			Kechil	Malais.	Petit
			Keda	Nouv. Guinée	Sentier
			Kef	N. Afriq.	Pic, rocher
			Kei	Formose	Rivière
			Kelang	Malais	Moulin
			Kelp		Varech
			Kem	Mongol	Rivière
			Kemer	Turq.	Aqueduc

	Kenar	Perse	Rive, rivage
	Kend, Kent	Perse	Village
	Kendik	Thibet	Monticule
	Keng	Chine	Fossé, cours d'eau
	—	Inde	Ville
	Kenie	Afriq Cent.	Sable
	Kenise	Arabe	Église
	Ker	Sénég.	Village
K.	**Kerb**		Margelle de puits, bord de trottoir
	Keremit-kané	Turq.	Briqueterie
	Kerim	Mongol	Village
	Ker nor	Ind. Chin.	Demeure
	Ketta	Afg.	Forteresse
	Kettle hole	E. U.	Dépression dans le sable, dans le lit d'une rivière
	Keui	Turq.	Village
	Keupri	Turq.	Pont
	Keurfaz	Turq.	Golfe
	Kévir	Tartare	Fondrière de limon, steppe couverte de sel
	Kha	Chine	Rivière
	Khabárát	Perse	Taverne, cabaret
	Kalga	Mongol	Barrière, porte, passage
	Kalidet	Perse	Baie
	Khan	Turq. et Perse	Auberge
	—	Sanscrit	Mine
	Khana, Khane	Turq. et Perse	Maison
	Khand	Inde	Contrée
	Khangah	Inde	Tombe d'un saint homme (Fakir ou Pir)
	Khaô	Siam	Montagne, hauteur
	Khar	Thibet	Fort
	Khara	Mongol	Noir
	Kharabé	Perse	Auberge
	Khari	E. Afriq.	Crique, anse

Khasté	Turq.	Hôpital
Khe	Annam	Cours d'eau
Kheïl	Afgh.	Tribu
Khendek	Perse	Mine
Khera	Hindoust.	Village
Khi	Chine	Petite rivière
Khlou	Siam	Boue, vase
Kho	Cambod.	Ile
—	Sénég.	Cours d'eau
—	Ind. Chine	Grand
Khoh	Hindoust.	Caverne
Khol	Sénég.	Champ, jardin
Khor	Soud. Egyp.	Lit de rivière
Khoto	Mongol.	Ville, village
Khotum bulak	Mongol.	Source chaude
Khou	Chine	Embouchure, entrée d'un col
Khurab	Arabe	Ruines
Khus, Khos	Perse	Doux
Ki	Chine	Digue, barrage
Kia	Chine	Hameau, maison
Kiai	Chine	Limite, frontière
Kia-kio	Hainan	Pont
Kiang	Ind. Chine	Cité, ville
—	Chine	Grande rivière
—	Tartare	Grand, vaste
Kiao	Chine	Pont
Kibitka	Afriq. Cent.	Tente
Kibri	Afr. Cent.	Bois, forêt
Kiboud	Perse	Bleu
Kichik	Turq.	Petit ; Gué
Kie	Chine	Route
Kik	Californ.	Eau

					Kila, Kile	Perse	Château, forteresse
					Kilan	Perse	Pays, terrain, isthme
					Kilian	Malais.	Mine
					Kilissa	Turq.	Eglise (Temple ancien)
					Kill	E. U.	Ruisseau
					Kilwa	Afr. Cent.	Lac
					Kim	Tartare	Petit
					Kima	Tartare	Bac
					Kin	Celtique	Haut, supérieur
					—	Chine	L'or
					Kinara	Perse	Côte, rivage, plage
					King	Chine	Capitale
					Kingdom		Royaume
					Kinrik	Ecosse	
					Kintray	Écosse	Contrée, pays, campagne
					Kio	Chine	Cap
					Kioi	Turq.	Village, hameau
					Kioubiour	Turq.	Pont
					Kioun-tsygych	Turq.	Est
					Kir	Turq.	Hauteur, pic
					Kirch	Turq.	Chaux
					Kirk	Ecosse	Eglise
					—	Turkest.	Quarante (nombre)
					Kirmzi	Tartare	Rouge
					Kishlak	Asie Cent.	Village, campement d'hiver
					Kitchen garden		Jardin potager
					Kiurfez	Turq.	Baie
					Kizil	Turq.	Rouge
					Klong, Klowng	Siam	Cours d'eau où la marée se fait sentir
					Knob	E. U.	Hauteur isolée
					Knock	Écosse	Colline
					Knoll		Tertre, monticule

Ko	Chine	Cap, pointe
--	Dahomey	Marais, boue, vase
---	Ind. Chine	Pic de montagne
Kob	Sénég.	Désert, forêt
Kon, Kouh	Perse	Montagne
Koh	Chine	Pic rocheux ; haut pays
-	Siam	Ile
Koho	Ind. E. U.	Cascade, chute d'eau
Köi	Tartare	Village
Koia	Nouv. Guinée	Montagne
Kok	Siam	Jungle, épais, fourré
Koko	Thibet	Bleu
Kol	Tartare	Vallée
Koll	Asie Cent.	Réservoir
Kom	N. Afriq.	Monticule, tertre
Kompong	Cambod.	Village
Kon	Ind. Chine	Village
Konak	Tartare	Station, campement d'hiver
Kong	Chine	Temple, palais
—	Hainan	Rivière, chemin
—	Ind. Chine	Montagne
Kopje	Col. du Cap	Colline, hauteur
Kopru, Kiopru	Turq.	Pont
Koram	Asie Cent.	Terrain roccailleux
Kore	Perse	Canal, détroit
Korou	Turq.	Forêt
Kosh	Tartare	Double ; Relais, camp de caravanes
Koshlash	Tartare	Confluent
Kosun	Mongol.	Désert
Kot, Kota, Kote	Inde	Fort
Kotal, Kotel	Perse	Col, passage
Kou	Chine	Passage de montagne

			Kouk	Perse	Canal
			—	Turq.	Bleu, gris, vert
			Kowna	Turkest.	Vieux
			Kow	Chine	Estuaire
			Koɣan	Turq.	Crique, anse
			Koɣe	Turq.	Puits
			Kpo	Cambod	Elevé, haut, grand
			Kreb	N. Afrique	Colline de sable
			Krom	Thibet	Marché, bazar
			Krong	Ind. Chine	Cours d'eau
			Ksar, Ksur	N. Afriq.	Village fortifié
			Ku	Chine	Vallée; Canal, ruisseau; digue, barrage; passage; vieux, ancien
			Kuan	Chine	Place, camp militaire fortifié
			Kubba	N. Afrique	Coupole ; Chapelle ou tombe surmontée d'une coupole en l'honneur d'un Saint (Marabout)
			Kuchuk	Turq.	Petit
			Kuda	Inde	Baie
			Kudia, Kudiat	N. Afr.	Monticule, petite colline
			Kudil	Inde	Hutte
			Kuduk	Tart. et Mong.	Puits
			Kue	Chine	Cap, promontoire
			Kuh	Perse	Montagne
			Kul	Tart. et Mong.	Lac
			Kulah	Arabe	Château
			Kulao	Annam	Ile
			Kuliba	Turq.	Hutte, cabane
			Kulle	Turq	Tour
			Kum	Turq.	Sable
			Kummene	Nouv. Guinée	Eau
			Kumur	Tartare	Charbon de terre, houille
			Kumush	Tartare	Argent
			Kund	Inde	Province

	Kuo	Annam	Estuaire
	—	Chine	Etat, gouvernement
	Ku-on	Haïnan	Sentier
	Kupruk	Tartare	Pont
	Ku ra	Ind. Chine	Sentier, chemin
	Kura	Afriq. Cent.	Grand
	Kurban	Mongol.	Arbre
	Kure	Mongol.	Village
	Kurghan	Tartare	Fort, tertre
	Kurh	Yunnan	Rivière
	Kuro	Guinée	Village
	Kurpi	Turq	Pont
	Kuruk	Mongol.	Sec, aride
	Kurum	Arabe	Vignoble
	Kûzh	Asie Cent.	Meurtrier
	Kutel	Tartare	Col en forme de selle
	Kutun	Mongol.	Ville
	Kuɣu	Turq.	Puits
	Kuzu	Afr. Cent.	Village
	Kwa	Chine et Afr. Cent.	Village
	Kwala	Malais.	Embouchure de rivière
	Kwan	Chine	Maison de douane, fortification, place de guerre, passage de montagne
	Kwang	Chine	Grand, étendu, vaste
	—	Chine	Montagne
	— lau	Chine	Phare
	Kɣams	Thibet	Maison, demeure
	Kɣi	Tartare	Rivage
	Kɣla	Tartare	Sud
	Kɣle	Écosse	Route
	Kɣr	Tartare	Lande, steppe, désert
	Kyshlik	Turq.	Nord
	Kyska	Turq.	Court

L

	La	Yunnan	Sud
	—	Thibet	Col, passage
	Laam	Siam	Baie
	Lablad	Hindoust.	Sable, gravier
	Labuan	Malais.	Port, mouillage
L.	Lade		Embouchure de rivière
	Lagan	Galles	Petite cavité, creux
	Lagham	Afr. Cent.	Rivière
	Lagoon		Lagune
	Lahi	Polyn.	Grand
	Lai	Ind. Chin.	Montagne
	Laigh	Ecosse	Bas
	Laïlak	Tartare	Campement d'été
L.	Lake		Lac
	Lalap	Malais.	Marais, marécage
	Lalum	Malais.	Eau
	Lam	Thibet	Chemin, sentier
L. P.	Lamp-post		Candélabre à gaz, lampadaire
	Lan	Celtique	Plaine
	Land		Pays, terre, nation
	— of freedom		Pays libre
	Landas	Philipp.	Chemin, route
	Landing-place		Point de débarquement, atterrissage
	Landmark		Borne; Point de reconnaissance
	Landscape		Paysage, vue
L.	Lane		Ruelle, passage, sentier
	Lang	Ecosse	Long
	—	Chine	Village; pli de terrain, ondulation

	Term	Origin	Meaning
	Lang	Siam	Bas, peu élevé
	Langar	Tartare	Auberge pour voyageurs ; Ouvrage isolé
	Langur	Népal	Sommet de montagne couronné de neige
	Lanka	Hindoust.	Ile
	Lao	Chine	Vieux ; Sentier
	Lar	Afg.	En bas
	Larg	Ecosse	Hauteur, talus, remblai
	Large		Grand, vaste, spacieux
	Latala	Afr. Cent.	Forêt
Lat.	**Latitude**		Latitude
	Lau	Chine	Tour
	Laut	Malais.	Mer, océan
	Lavan-khani	Sanscrit	Mine de sel
	Lea	Hainan	Montagne
	Lead		Plomb
	— mine		Mine de Plomb
	Leaf-bridge		Pont tournant
L.	**Leat**		Bief de moulin
	Leb	Turquie	Rivage
	Ledge		Récif, écueil
	Lee	Galles	Uni, égal
	Legi	N. Guinée	Prairie, pâturage
	Lei	Afr. Cent.	Eau
	Leigh		Prairie, pâturage
	Lei hsien chu	Chine	Télégraphe
	Lek	Laos	Fer
	—	Siam	Petit
	Lem	Siam	Cap, promontoire
	Lenger	Turkest.	Station, auberge
	Length		Longueur
L.B.	**Letter Box**		Boîte aux lettres
	Level		Niveau

			Abrév.	Terme		Traduction
		 ++++++++		**Level crossing**		Passage à niveau
				Levelling		Nivellement
				Lha		Dieu, génie
				Lho	Thibet	Sud
				Li	Thibet	Intérieur
				—	Chine	Mesure de longueur = $^1/_3$ du mile = 536 mèt.
				Liao	Chine	Éloigné, lointain
				Lick	Chine	Source d'eau salée
		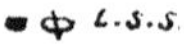 L.S.S	L.S.S.	**Life saving station**	É. U.	Station de sauvetage
				Light		Lumière
	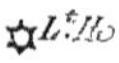 ☆ L.Ho	☆	L. H.	— **house**		Phare
		 L.S		— **ship**		Bateau-phare
				Lik	Thibet	Tribu
				Lilang	Yunnan	Montagne
			L.	**Liman**	Turq.	Port, estuaire
				Lime		Chaux
 ,⊙○○			L. K.	— **kiln**		Four à chaux
				— **pit**		Carrière à chaux
				— **stone**		Pierre calcaire
				-- **tree**		Citronnier
				Limit		Limite
				Lin, Ling	Chine	Bois, forêt ; Tombe impériale
				Linden		Tilleul
				Line of railway		Ligne de chemin de fer
				— **double**		— à 2 voies
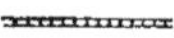				— **single**		— à voie unique
				Ling	Chine	Chaine de montagnes; Col
				—	Thibet	Région, district; Jardin
				Linn	Écosse	Chute d'eau, cascade
				Liquid mud		Boue liquide
				Lis	Galles	Jardin
				Lisière	É. U.	Bande de terre le long d'une côte
			Litt.	**Little**		Petit

		Terme	Pays	Signification
		Ljongs	Thibet	Vallée large
		Llan	Écosse	Église, clocher
		Lo	Chine	Grand
L.		Loch	Écosse	Lac; Bras de mer
L.		Lock		Écluse, barrage
		Lode		Courant; Bief d'un canal
		Lodge		Hutte, cabane
		Lodging		Gîte, abri
		Loe	Chine	Montagne
		Lofty		Elevé, grand, haut
		Loi	Bornéo	Hauteur, colline
		Lon	Annam	Grand
		Long	Bornéo	Cours d'eau
Long.		Longitude		Longitude
		Lough	Irlande	Lac; Baie
		Low, Lower		Bas, inférieur
L.W.		Low water		Marée basse
L.W.M		— Mark		Etiage, niveau des eaux pendant l'été
		Lu	Chine	Chemin, route
		Luang	Yunnan	Jaune
		Luchau	Chine	Bois, forêt
		Luji	Arabe	Mer
		Lumpor	Malais.	Boue, vase
		Lun	Ind. Chine	Maison, demeure
		—	Thibet	Vent
		Lung	Chine	Dragon
		Lunga	Thibet	Vallée; Fossé
		Lunmga	Thibet	Rivière
		Luong	Laos	Jaune
		—	Siam	Grand
		Lupa	Philipp.	Terre, terrain, contrée
		Lut	Perse	Nu, découvert
		Lye		Voie de chargement, de garage

M

Ma	Arabe	Eau
—	Ind. E. U.	Grande étendue d'eau
—	Thibet	En bas, inférieur
Maab	S. Afriq.	Boueux, vaseux
Mabar	Arabe	Col, gué, passage
Mà-bèr	Perse	Bac
Machila	Afr. Cent.	Transport, convoi
Mad	Thibet	Région basse
Madan	Arabe	Carrière, mine
Maden	Turq.	Exploitation minière
Mader	Perse	Mère
Madhne	Arabe	Minaret
Mado, Madu	Somali.	Noir, obscur
Madrassa	Asie Cent. Perse et Ind.	Collège
Madzi	Zambéze	Eau
Mae	Ind. Chin.	Arbre
Maen	Écosse	Pierre
Mafaza	Arabe	Désert
Mag	Hindoust.	Chemin, sentier
—	Sénég.	Rivière
Magala	Somali.	Ville
Maghara	Turq.	Grotte
Maghreb	Turq.	Ouest
Magrem	N. Afriq.	Confluent
Mahà	Hindoust.	Grand, important
Mahal	Turq. et Perse	Faubourg, village, endroit
Mahrusa	Arabe	Place fortifiée
Mai	Siam	Nouveau

			Maidan	Pers. et Ind.	Plaine, campagne
			Mai-ma	Chine	Commerce, trafic
			Main road		Route principale
			Maïer	Perse	Bourg
			Maige		Maïs
			Majen	Arabe	Réservoir naturel
			Makan	Arabe	Maison, demeure
			Makbar	Arabe	Tombe, monument funéraire
			Makta	Arabe	Gué
			Malang	Malais.	Rocher qui ne couvre jamais
			Mali	Ind. Chine	Grand
			Malmalâ	Hindoust.	Saumâtre, amer
			Mam	Écosse	Grand mamelon ; Ballon
			Man	Celtique	District
			—	Ind. Chine	Village ; neuf, nouveau
			Mana	Afr. Cent.	Rivière, lac; petit
			Manahinj	Ind. E. U.	Source
			Manarokta	Ind. E. U.	Bois, forêt
			Mandal	Hindoust.	Fontaine; port
			Mandhi	Hindoust.	Cottage; petit temple
			Mandi	Hindoust.	Marché
			Mandir	Hindoust.	Maison, palais
			Mandra	Turq.	Bergerie
			Mane	Afr. Cent.	Eau
			Mangrave		Manglier
	M. H.		Man hol		Regard d'aqueduc
			Mansi, Manzi	Afr. Cent.	Eau
			Masjid		Mosquée
			Manufactory		Manufacture, usine
			— soap		Fabrique de savon
			Maol	Irlande	Cap
			Map		Carte, plan

					Mot	Langue	Définition
					Mara	Turq.	Pré, pâturage
					Marba	Perse	Steppe
					Marble		Marbre
					March	Écosse	Frontière, limite
					Marez-khané	Perse	Hôpital
					Marfag	N. Afriq.	Cap, promontoire
					Marigot	Sénég.	Anse, crique; Bras de rivière
					Mark	Écosse	Forêt
				M.	—		Borne
					Markaz	Arabe	Gîte d'étape
					Market		Marché
					— town		Bourg, petite ville
					Marl		Marne
					— pit		Marnière
					Marsa	Arabe	Port
					—	Perse	Pâturage
				M.	**Marsh**		Marais
					— land		Sol marécageux, fangeux
					Maru	Hindoust.	Région dénuée d'eau, désert
					Marz	Perse	Région, district
					Masara	Arabe	Moulin
					Maskara	Arabe	Camp
					Maslak	Arabe	Chemin, sentier
					Mata	Polyn.	Grand
					Ma-tau	Chine	Port, môle
					Ma-teu	Chine	Estuaire
					Matiu	N. Guinée	Arbre
					Ma-tu	Chine	Route à l'européenne
					Mauna	Polyn.	Montagne
					Mausoleum		Mausolée
					Mawr, Mor	Écosse	Grand
					Maz -	Perse	Montagne

	Région	Signification
Mazar	Tartare	Tombeau, cimetière
Mbel	Sénég.	Lac, Marais
Mdo	Thibet	Confluent
Me	Siam Côte d'Ivoire	Rivière
—	Thibet	Région basse
Mea	Cambod.	L'or
—	Polyn.	Petit
Mead, Meadow		Prairie
Meal	Écosse	Petit
—		Colline de sable
Méber	Turq.	Col
Mechileh	Turq.	Lac
Meet		Rencontre, confluent
Mehm	Ind. et Calif.	Eau
Mei	Chine	Houille, charbon de terre
Meidan	Perse	Plaine
Meihane	Turq.	Auberge
Mejaz	Arabe	Gué, bac
Mejebed	Arabe	Route de caravanes
Mejra	Arabe	Canal, cours d'eau
Melka	N. Afriq.	Gué
Melrir	N. Afriq.	Sables mouvants
Memleket	Turq.	Contrée, royaume
Men	Chine	Porte, passage
Meng	Bourma	Ville de 4ᵉ ordre
Mengku	Mongol.	Pic couvert de neige
Menikon	Ind. E. U.	Ville, village
Menzil	Arabe	Habitation, demeure
—	Perse	Station, relais, halte
Meraa	Turq.	Pâturage
Merah	Malais.	Rouge
Mercury mine		Mine de mercure

	Mere		Lac, marais ; borne, limite
	—	Turq.	Clairière
	Meridian		Méridien
	Meridional		Méridional
	Merkeb	Sahara	Colline, hauteur
	Merkez	Turq.	Grande ville, capitale
	Mermer	Perse	Marbre
	Meshra	Arabe	Port, quai
	Meshta	Arabe	Quartier d'hiver
	Mesjid	N. Afriq.	Mosquée
	Metalled road		Route macadamisée
	Motallef	N. Afriq.	Passage difficile
	Méteris	Turq.	Rempart, parapet
	Meuang	Siam	Etat
	Mgo	Thibet	Source d'une rivière, haut, supérieur
	Ml	Chine	Terre, région
	—	Ind. Calif.	Village
	Mia	N. Afriq.	Cent
	Mian	Perse	Milieu
	Miao, Miau	Thib. et Ch.	Temple, pagode
	Mibar	Arabe	Passage, gué, bac
Mid.	Midd, Middl		Milieu, centre, moyen
	Midland		Central (Pays)
	Mikhal	Perse	Station
	Mile		Mille, mesure { terrestre : 1609ᵐ315 / marine : 1855ᵐ000 }
M. P.	— post		Borne militaire
M. S.	— stone		
	Milk house		Laiterie
	Mill		Moulin, usine, fabrique
	— course		
	— lade		Bief, canal du moulin
	— race		

6

		⛏	Mill dam		Barrage du moulin, réservoir
			— pond		
			— house		Maison du moulin
			Mine		Mine
			—	Ind. E. U.	Eau
			Mineral waters		Eaux minérales
			Minster		Monastère
			Mir	Perse	Montagne
			Miry		Fangeux, boueux
			Mirza	Perse	Prince lettré
			Mis, Mios		Ile
			Mist	N. Guinée	Brouillard
			Miti	Ind. E. U.	Ville
			Mjung	Thibet	Embouchure, en aval
			Mkar	Thibet	Fort
			Mo	Chine	Mer
			—	Ind. E. U.	Source
M.			Moat		Fossé
			Modara	Cingalais	Embouchure de rivière
			Moel	Écosse	Nu, aride
			Moghreb	Arabe	Ouest
			Moha	Afriq. Cent.	Montagne
			Moï	Annam	Sauvage, habitant des montagnes
			Monadh	Écosse	Colline
			Monadnock	E. U.	Colline
			Monastery		Monastère, couvent
			Monastir	Turq.	
			Money	Irlande	Bois, forêt, broussailles
			Mong	Burma	Ville de 4ᵉ ordre
			Moni	Galles	Colline, hauteur
			Mono	Afr. Cent.	Petit
			Moor, More		Lande, marais

				M.	**Mooring**		Amarre, mouillage
				M. P.	**— Post**		Pieu pour amarre
					Mor	Écosse	Grand
					Moraine		Moraine
					Moras		Marécage
					Morestan	Turq.	Cimetière
					Morne	E. U.	Petite montagne
				Mort.	**Mortuary**		Cimetière
					Mosea	Côte de l'Or	Gravier
					Mosque		Mosquée
					Moss		Pays marécageux
					Mot	Mongol.	Beaucoup, nombreux
					Motu	Polyn.	Ile
					Mouls	Écosse	Terre
					Mourd-ab	Perse	Eau stagnante
				M.	**Mound**		Remblai, monticule, digue, butte, retranchement
					Mount		Mont
				Mt.	**Moutain**		Montagne
					— chaine		Chaîne de montagnes
					— range		
					Mountainous		Montagneux
					Mouth		Embouchure d'un fleuve
					Mrara	N. Afriq.	Caverne
					Mrira, Mraïr	N. Afriq.	Sentier
					Mseb	N. Afriq.	Estuaire
					Msil	N. Afriq.	Courant de la rivière
					Mto	Turq.	Elevé, haut, grand
					Mtso	Thibet	Lac
					Mu	Chine	Forêt, arbres
					—	Thibet	Limite, frontière
					Mua	Chine	Colline, hauteur
					Muang	Malais.	Province, territoire

Muaong	Ind. Chine	Ville, Village
Muara	Bornéo	Embouchure de rivière
Mud		Vase, boue, limon
Muddy		Fangeux, boueux
Mui	Annam	Cap, promontoire
Muïr	Écosse	Marais, marécage
Mull, Maol	Celtique	Cap, promontoire
Mun	Chine	Porte, passage
Munt	Écosse	Mont, montagne
Muong	Siam, Ind. C.	Ville de 3ᵉ ou 4ᵉ ordre
Murabba	Australie	Eau salée
Muren, Murin	Mongol. et Thibet	Cours d'eau
Murus		
Muskeg	E. U.	Marais, marécage
Mussun	Mongol	Glace
Muto	Mozamb.	Rivière
Muz	Tartare	Glace
Mynydd	Écosse	Montagne
Myit	Birman.	Rivière

N

Na	Siam	Champ de riz
— No, Nu	Ind. E. U.	Rivière
Nab	E. U.	Hauteur isolée
Nadh	Tartare	Bois, forêt
Nadi	Hindoust.	Rivière, bras de mer
Nador	Arabe	Observatoire
Nagar	Inde	Ville, cité
Nags	Thibet	Forêt
Nahr	Turq.	Rivière, cours d'eau exitant en toute saison

				Naï	Perse	Roseau
				Naï manufactory		Clouterie
				Naistan	Perse	Plantation de canne à sucre
				Nak	Ind. E. U.	Terre, contrée, sol
				Naka'eh	Perse	Étang
				Nakb	Arabe	Col en forme de selle
				Naked		Nu
				Nam	Chine	Village
				—	Siam	Rivière, eau, cours d'eau
				—	Mong. et Thib.	Nuages
				Namaga, Namick	Mongol	Source, fontaine
				Nan	Chine	Sud
				Nant	Ecosse	Ruisseau, vallée
				Naphta		Naphte
				Nappa	Australie	Eau douce
				Nar	Ecosse	Proche, voisin
				Narrow		Gorge, passage étroit
				— gauge		Voie étroite
				— valley		Vallée étroite
				Nasheb	Perse	Déclivité, creux
				Navigation line		Ligne de navigation
				Nawi	Siam	Petit
				Na yach	Ind. E. U.	Broussailles
				Near		Près, proche
				Nearly an island		Presqu'île
				Neck		Col
				— land		Langue de terre
				Needle		Aiguille, rocher
				Nèhr	Perse	Cours d'eau
				Nei	Chine	Intérieur, de l'intérieur
				Nether		Inférieur, bas
				Neubet khané		Station

	Nev, Nov, Nau	Perse	Neuf, nouveau
	Next		Le plus près, le plus proche
	Ngan, Ngoï	Annam	Rivière, cours d'eau
	Negas	Thibet	Bois, forêt
	Ness	Écosse	Cap
	Ngi	Chine	Passage étroit
	Ngolo	Afr. Cent.	Grand, étendu
	Ngutu	Afr. Cent.	Ville
	Nho	Annam, Laos	Petit
	Ni	Chine	Terre, boue
	Nine		Neuf (nombre)
	Nini, Nino	Afriq. Cent.	Petit
	Nishan	Turq. et Perse	Balise, signal
	Nki	Afr. Cent.	Eau
	No	Ind. Chine	Petit
	Nock	Ecos. et Irl.	Hauteur, colline
	Nom	Hainan	Rivière
	Nor	Mong. et Thib.	Lac
	Norland	Ecosse	Pays du nord
*N. N*th	**North**		Nord
	— East		— Est
	— West		— Ouest
	Northern, Northerly		Septentrional
	Not far from		Non loin de
	Notch	Nouv. Angl	Col, passage
N. f.	**Not fordable**		Non guéable
	Nua	Australie	Sable
	Nuch	Ind. E. U.	Eau
	Nui	Annam	Montagne
		Chine	Intérieur
		Hawaï	Grand
	Num	Laos	Eau

				Nur	Perse	Lumière
				—	Mongol.	Lac
				Nusa	Java	Ile
				Nut		Noyer
				Nutmeg		Muscadier
				Nyag	Thibet	Petit col
				Nyanjà, Nyanza	Afr. Cent.	Lac ; eau d'une rivière ou d'un lac
				Nyuki	E. Afriq.	Rouge
				Nziri	Arabe	Endroit aride, stérile
				Nsi	Cameroun	Eau

O

				Oaia	N. Guinée	Jardin
				Oak		Chêne
				evergreen		Chêne-vert
				Oasis, oase		Oasis
				Oast		Four à houblon
				Oats		Avoine
				Ob-oban	Écosse	Anse
				Oba	Turq.	Village d'été
				Obo	Mongol	Tas de pierres pour marquer les routes
				—	Nouv. Guinée	Eau
				Obsun	Mongol	Pâturage
				Och	Écosse	Champ
				Oda	Turq.	Cabane
				Odo	Ouest Afr.	Ruisseau, district
				Odouu	Turq.	Bois
				Of	Soudan	Montagne
O.				Office		Service, bureaux
				Og	Thibet	En bas, inférieur

	Origine	Signification
Ohi	Ind. E. U.	Montagne
Oi	Tartare	Dépression, creux
Oil mill		Moulin à huile
— **wells**		Puits à huile
Ok	Ind. E. U.	Forêt
Okla	Ind. E. U.	Eau
Ola	Mongol.	Montagne
Olare	E. Afriq.	Source salée
Old		Vieux, ancien
Olo	Nouv. Guinée	Montagne
Olon	Mongol.	Gué
Omi	Ouest Afr.	Eau
Omo	Chine	Lac
Omut	Ind. E. U.	Terre, région
On	Ind. E. U	Colline, hauteur
One		Un (nombre)
—	Nouv. Guinée	Sable
Ouna	Ouest Afr.	Chemin, route, sentier
Onstead	Écosse	Bâtiment de ferme
Ooze		Vase, boue
Oozy bank		Banc de vase
Open		Ouvert, découvert
— **plaine**		Plaine découverte
— **well**		Puits ouvert
Orchard		Verger, jardin fruitier
Ordi	Turq.	Campement
Orgo	Mongol	Tente
Orman	Turkest.	Forêt
Os	Inde E. U.	Caillou
Ossu	Mongol	Rivière
Ostang	Turkest.	Fossé d'eau
Osua	N. Guinée	Sommet

The left margin carries the section letter **O.**

			Other		Autre, différent
			Otlak	Turq.	Pré, pâturage
			Otok	Mongol	Tribu
			Oued	Turq. et Arab.	Cours d'eau
			Outer harbour		Avant-port
			Outposts		Postes avancés
			Outskirts		Banlieue
			— of a Wood		Lisière d'un bois
			Ova	Turq.	Plaine, champ
			Oven		Four
			Over		A travers, de l'autre côté, au-delà
			— bridge		Viaduc
			Overgrown		Très grand
			Oγa	Ceylan	Rivière
			Oyster-bed		Banc d'huîtres

P

			Pa	Chine	Digue volante
			—	Siam	Bois, forêt
			— Pa	Thibet	Tribu
			Pack road		Route chargée
			Padang	Malais.	Plaine, espace découvert
			Pagoda		Pagode
			Pag-ra	Thibet	Mur
			Pahar, Par	Hindoust.	Montagne, hauteur
			Pai	Chine	Blanc
			Païn	Perse	Inférieur, bas
			Pak	Siam et Mal.	Confluent, estuaire
			Pal	Hindoust.	Terrain cultivé
			Palace		Palais

	Terme	Origine	Définition
	Palanka	Turq.	Fort, forteresse
P.	Paling		Palissade
	Palli	Tamul	Village
	Palm		Palmier
	Palmetto		Palmier des E. U.
	Pan	Chine	Montagne, hauteur
	Pana	Formose	Rivière
	Pang	Chine	Camp, campement
	—	Thibet	Hauteur ; prairie
	Pangkalan	Malais.	Débarcadère, atterrissage, entrepôt, marché
	Pani	Hindoust.	Eau
	Panj	Perse	Cinq
	Panjang	Malais.	Elevé, haut
	Panne	Ind. E. U.	Vallée
	Pant	Ecosse	Creux
	Pao	Chine	Post avancé
	Paper		Papier
	Paps	Ecosse	Montagne
	Parallel		Parallèle
	Parapet		Parapet
	Parched		Brûlé, desséché, aride, sec
	— land		Terre aride
	Park		Parc
	Parish		Paroisse
	Parish road		Chemin vicinal, communal
	Parochial		
	Pásir	Malais.	Sable, étendue de sable
P.	Passage		Passage
	Passe		Col
	Past	Tartare	Bas, peu élevé
	Pasturage		Pâturage
	Pat	Ind. E. U.	Hauteur

	Patam	Tamul.	Cité, ville
P.	Path		Chemin, sentier
	—	Sanscrit et Hindoust.	Route, grand chemin
	— way		Sentier
	Patik, Patkak	Tartare	Marais, marécage
	Pau-tai		Route pavée
	Paved road	Chine	Fort
	Peak		Pic
	Peam	Cambodg.	Estuaire
	Peat bog		Tourbière
	Peeble		Cailloux
	Peel	Écosse	Forteresse, place forte
	Peh, Pei	Chine	Nord
	Pela	Ceylan	Hutte, cabane
	Pema	Thibet	Sable
	Pen		Petit enclos
	—	Ecosse	Colline, cime
	Pendj-ab	Afg.	Cinq rivières
	Peninsula		Péninsule
	Pfan	Afr. Cent.	Village
	Phai	Ind. Chine	Forêt
	Phieng	Ind. Chine	Ville
	Pho	Chine	Marché
	—	Annam	Montagne
	Phra	Siam	Pagode
	Phu	Annam	Capitale de district, ville de 3e ordre
	—	Ind. Chin.	Montagne, hauteur
	—	Thibet	Vallée latérale
	Pie	Yunnan	Bas, peu élevé
P.	Pier		Pile de pont
	Pierhead		Jetée
	Pi-hu	Thibet	Poste d'observation, fort

	Pike		Sommet
	Pila	Thibet	Rivière
	Pile bridge		Pont de pilotis
P.	Pillar		Colonne, pilier
	Pine		Pin
	Ping	Chine	Plaine
	Pir	Perse	Vieux
	Piri	Afr. Cent.	Montagne
	Pirindji	Turq.	Riz, bronze
	Pit		Puits de mine, fosse, creux, trou
	— coal		Puits de houille
Pl.	Place		Endroit, lieu
	Plain		Plaine, plat
	Plot, Plotting		Terrain, plan
	Pnom	Cambodg.	Montagne
	Po	Chine	Lac ; blanc
	—	Ind. E. U.	Eau
	—	Thibet	Sommet de montagne
	Podo	N. Guinée	Montagne, hauteur
	Poeloe	Ind. Chine	Ile
	Pohaku	Hawaï	Pierre
Pt.	Point		Petit cap, promontoire
	Poio	Philipp.	Ile
	Po-ka	Ind. E. U.	Rivière
	Pol	Hindoust.	Porte, barrière, passage
	Pole		Pôle, Perche, jalon
	—	Ecosse	Ilôt
	Poll, Pol, Puill	Ecosse	Baie, étang, mare
	Pom	Siam	Fort
	Pont	Ecosse	Pont
	Pontoon bridge		Ponton
P.	Pond		Etang, mare, ilôt

				Terme	Langue	Signification
			P.	Pool		Étang, mare, îlot
				Pondok	Malais	Cabane, hutte
				Ponton-bridge		Pont de pontons
				Poplar		Peuplier
				Populous		Populeux
				Pore	Inde	Cité, ville
				Porther house		Cabaret
				Porth	Écosse	Port
				Possession		Possession
			P.	Post		Poste
				Posto khan	Turq.	Bureau de poste
P.	P.O	P.O.	P. O.	Post house — office		Maison, bureau de poste
				Posting house		Poste aux chevaux
				Poul	Perse	Pont
				Prabit	Hindoust.	Montagne
				Praja	Malais.	Ville
				Prau	Cambod	Monument, pyramide
				Prasat	Cambod.	Tour
				Pre	Cambod.	Bois, forêt
				Prek	Cambod.	Rivière à marée
				Promontory		Promontoire
				Province		Province
				Pu	Chine	Citadelle
				—	Ind. Chin.	Montagne, hauteur
				—	Thibet	Le haut de la vallée
			P. H.	Public house		Cabaret
				Puddle		Mare, flaque d'eau
				Pug	Thibet	Caverne
				Pul	Perse	Pont, chaussée
				Pulak	Mongol	Source
				Pulao, Pulo	Malais.	Île

				Mot	Région	Signification
				Pun, Pund	Ecosse	Enclos, parc
				Pur, Pura	Hindoust.	Cité, ville
				Puri	E. Afriq.	Désert
				Pushta	Perse	Monticule
				Put	Ind. Chine	Grand
				Putra	Inde	Fils
				Pwll	Ecosse	Ilôt; étang, mare
				Pyramid		Pyramide

Q

				Qata	Zouloul.	Désert
				Qiti	Zouloul.	Ile
				Quagmire		Fondrière, marécage
				Quarry		Carrière
				Quay		Quai
				Quern	Ecosse	Moulin à bras
				Quicksand		Sables mouvants

R

				Rab	Thibet	Gué
				Ra-ba	Thibet	Tente
				Raba	N. Afriq.	Forêt, broussailles
				Rabat	Tartare	Puits couvert, abri, refuge
				Rabdan	Thibet	Maison, demeure
				Race		Courant rapide d'un cours d'eau
				Rad	N. Afriq.	Trace, piste
				Raft		Radeau
				Ragh	Perse	Prairie
				Rah	Perse et Hind.	Route, chemin

	Terme	Région	Définition
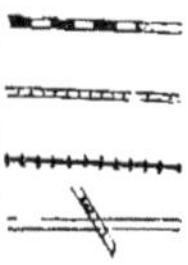 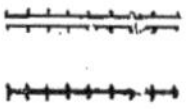 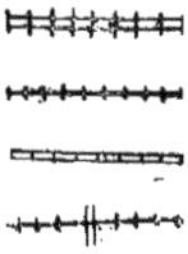 R. Ry.	**Railway, Railroad**		Chemin de fer
	— crossing		Passage à niveau
	— gate		Barrière de clôture de ch. de fer
	— line		Voie, ligne de parcours
	Rain		Pluie
	Raised road		Route en remblai
	Ram	Yunnan	Eau
	—	Ind. Chine	Sentier
	Rampart		Rempart
	Ran	Ind. Chine	Maison, demeure
	Rana	Ind. Chine	Route
	Ranch		Ferme
	Rang	Annam	Champ de riz
	—	Perse	Couleur
	— tag	Thibet	Moulin
	Range		Chaîne de montagnes
	— lights		Feux d'alignement (quartiers de feux)
	Ranu	N. Guinée	Eau
	Rao	Annam	Rivière
	Rapid		Rapide
	Ras	Turq.	Sommet, Cap
	Rasdolié	Perse	Vallée, vallon
	Rasta	Perse et Hindoust.	Chemin, route
	Rath	Écosse	Rempart de terre, monticule, tertre
	  **Ravine**		Ravin
	Rax	Ecosse	Étendue (substantif)
	Ray, Rie	Écosse	Uni, égal
	Raz	Perse	Château
	Rdo	Thibet	Pierre
	Rdung	Thibet	Colline, hauteur

				Terme		Signification
				Rdzong	Thibet	Forteresse
				Reach		Langue de terre basse s'avançant dans la mer
				Reconnaissance		
				Reconnaitring		} Reconnaissance
				Red		Rouge
				Redir	Arabe	Réservoir naturel d'eau de pluie
				Redoubt		Redoute
				Reed grass		Roseau
				Reef		Rocher, récif, écueil
				Reeks	Irlande	Hauteur, cîme, crête
				Rejem	Arabe	Poste d'observation dans une rade
				Relay		Relais
				Remel	Arabe	Région sablonneuse
				Remote		Eloigné, lointain
		Resr.		Reservoir		Réservoir
				Resm, Resum	Arabe	Ruines
R.//				Rest house		Auberge, caravansérail
				Resting place		Lieu de repos, gîte
				Revolding bridge		Pont tournant
				Rgal	Thibet	Gué
				Rhinn	Écosse	Cap, promontoire
				Rhiw	Écosse	Pente escarpée
				Rhos	Écosse	Bruyère, lande, marécage
				Rhudd	Écosse	Rouge
				Rhyd	Écosse	Gué
				Ri	Thibet	Montagne
				Ribat	Arabe	Auberge, hôtel
				Rice		Riz
				Rickle	Écosse	Tas de pierres
				Ridge		Chaîne de montagnes, hauteur, cîme, crête
				Riding way		Route cavalière
				Rif	Arabe	Côte, littoral

				Rift		Endroit peu profond d'une rivière ; gué
				Rig	Perse	Sable
				Rigg	Ecosse	Chaîne de montagnes
				Rill		Petit ruisseau
				Rimba	Malais.	Forêt vierge
				Rise		Seuil
			R.	River		Rivière
				- bed		Lit de la rivière
				-- head		Source de la rivière
			R. Rd.	Road		Route, chemin, chaussée, rade
				-- fenced an on side		Route clôturée de haies des deux côtés
				over embankment		Route en remblai
				— trough hollow		Route en déblai
				Roadstead		Rade
				Robat	Turkest.	Hôtel, auberge, caravansérail
			R.	Rock		Rocher, écueil
				-- bank		Banc de roches
				— oil		Naphte, pétrole
				Rocky		Rocheux
				Roh	Afgh.	Montagne
				Rohi	Inde	Terrain argileux
				Rolling		Ondulé, coupé de vallons et collines
				-- bridge		Pont roulant
				— water		Chute d'eau
				Romo	Afriq Cent.	Bord
				Rong	Thibet	Gorge, défilé, vallée
				Room		Lieu, place, champ, espace
				. . .	E. U.	Station de pêche
				Ropa	N. Guinée	Jardin
			R. Bʳ	Rope-bridge		Pont de cordages
				Ross. Rus	Écosse	Bruyère, lande, marécage
				Ross. Ros	Écosse	Promontoire, péninsule

				Roto	Nouv. Zélande	Lac
				Roud	Perse	Cours d'eau
				Rough		Pierreux
				Rounded hill		Mamelon
			R. H.	Round house		Prison
				Ru, Rudha	Ecosse	Cap, promontoire
				Ruadh	Ecosse	Rouge
				Rubi	Nouv. Guinée	Village
				Rúd	Perse	Rivière
				Rudge		Chaine de montagnes, arête, cime
Castle	Ruins			Ruin		Ruines
				Ruk	Polyn.	Sud
				Rum	Ind. Chine	Eau
				Run	E. U.	Ruisseau
				Rung	Annam	Bois, forêt
				Rush-bridge		Pont de joncs
				Rusta	Perse	Village
				Rychidim	Turq	Quai

S

			Sa	Thibet	Territoire, région, lieu, demeure
			Safar	Arabe	Pierre, rocher
			Saf harbor		Port abrité
			Safeid, Safid	Perse	Blanc
			Saga	Nouv. Guinée et Cap	Rivière
			Sahel	Arabe	Littoral
			Sahra	Arabe	Plaine
			Sahir	Inde	Ville, cité
			Sai	Tartare	Vallée, ravin
				Siam	Sable, cailloux

				Sai	Turkest.	Plaine rocailleuse
				Sailing line		Ligne de navigation
			S. S^t	Saint		Saint
				Sakhara	Turq.	Champ
				Sakne	Arabe	Faubourg, banlieue, environ
				Sal, Sall		Maison de pierre
				Sala	Siam	Auberge
				Salann	Écosse	Baie d'eau salée
				Salen		
				Saloul	Perse	Rade
				Salt, Salted		Sel, salé
				Salt lake		Lac salé
				— lick		Source salée
				··· spring		
				-- marsh		Marais salant
				— mine		Mine de sel
				— work		
				— pan		Saline
				-- pit		
				— well		Puits salé
				Saltaneh	Perse	Empire
				Samar	Mongol	Chemin, sentier
				Samba	Thibet	Pont
				San	Chine	Montagne, colline
				Sand		Sable
				— bank		Banc de sable
				— drift		Tourbillon de sable
				Sandy désert		Désert de sable
				Sandal	Turq.	Bateau, bac
				Sang	Thibet	Plaine
				Sanjak	Turq	Cercle (division administrative)
				Sanpu, Sanpo	Thibet	Grande rivière

	Sap	Siam	Grand
	Sar	Pendjab	Citerne, bassin, étang sacrés
	—	Perse	Sommet, contrée montagneuse
	—	Thibet	Nouveau
	Sarai	Perse	Maison, demeure
	Sare	Afr. Cent.	Rouge
	Sarhad	Afgh.	Froid
	Sari	Turq.	Jaune
	Sarik	Turkest.	Prairie, herbage
	Sarka	Thibet	Placer
	Sarp	Turq.	Escarpé
	Sassun	Mongol	Neige
	Sa-tsig	Thibet	Station de poste
	Saug	Perse et Afgh.	Pierre
	Saugh	Écosse	Saule
	Sault	Ecosse	Sel
	Savanna		Savanne
S. M.	Saw-mill		Scierie
	— yard		
	Scale		Echelle métrique ou en milles
S.	Scar		Endroit rocailleux, bord escarpé de rivière
	Scattered		Eparpillé, dispersé
	Schist		Schiste
S. H.	School house		Maison d'école
	Schort		Court
	Score, Scuir	Ecosse	Rocher pointu
	Scrub		Buisson, broussailles
	Sding	Thibet	Dépression, col
	Se	Siam	Rivière
	Sea		Mer
	— beach		Plage
	— chart		Carte marine, hydrographique

				S.		
					Sea coast	Rivage, côte, bord
					— sid	
					Sebe	Ind. E. U.	Rivière
					Sebkha	Arabe	Marais
					Sebz	Perse	Gris ; Vent
					Sedd	Turq.	Digue
					Sefid	Perse	Blanc
					Seghir	Arabe	Petit
					Sei	Chine	Temple
					Selat	Malais.	Rue, passe étroite
					Selcz	Perse	Vert
					Sen	Chine	Capitale de province, ville de 2e ordre
					Sentry-box		Guérite
					Ser	Kurdist.	Montagne
					—	Thibet	L'or
					—	Perse	Cime, sommet, tête
					— ab	Perse	Source d'un cours d'eau
					— cheshme		
					Serai	Turq.	Palais, entrepôt
					Serd-ab	Perse	Eau froide ; halte de caravanes
					— sil	Perse	Région froide
					Settlment		Colonie ; établissement
					Seven		Sept
					Sewer		Conduit souterrain
					Sgar	Thibet	Camp permanent
					Sgeir	Écosse	Rocher dans la mer
					Sgor, Sgur	Écosse	Pic, rocher pointu
					Sha	Chine	Sable, banc de sable
					Shabet	Arabe	Bassin entouré de montagnes ; Plaine
					Shadoual	Turq. et Perse	Ruisseau
					Shaft		Puits de mine
					Shagar	Tartare	Ville, place forte

Shahr	Perse	Ville, cité
Shallow		Peu profond ; écueil
Shan	Chine	Montagne, colline ; Ile
Shang	Chine	Supérieur, haut, au-dessus
Shan-ting	Chine	Chaîne de montagnes
Shao	Chine	Petit
Shar	Perse	Remous, tourbillon
Shara	Mongol.	Jaune
Shari	Arabe	Grande route
—	Afriq. Cent.	Eau, rivière
Shark	Turq.	Orient, Est
Shaw		Bois, forêt
She	Chine	Récif ; fortification
Sheb	Perse	Descente, déclivité
Shed		Cabane, barque, hangar
Sheepfold		Bergerie
Sheet		Nappe d'eau ; Feuille de papier
Shehar, Shehr	Perse	Ville, place forte
Shelf		Récif, écueil, haut-fond
Shell		Coquillage
Sher	N. Afriq.	Orge
Shi	Chine	Marché
—	Ind. Chin.	Nouveau
Shilpit	Écosse	Fade
Shing	Thibet	Arbre
Shingle		Galet, caillou
Shipwrecking roch		Rochers dangereux
Shire		Comté
Shiu	Chine	Province, district
Shoal		Banc de sable, haut-fond
Shong	Thibet	Excavation
Shope		Boutique, magasin, atelier

					Shor	Asie Cent.	Sel
					Shore		Rivage de la mer, côte, bord, plage
					—	Perse	Dépôt argileux
					Shott	Arabe	Vaste étendue d'eau salée
					Show	Écosse	Bois
					Shrine		Tombe, tombeau de Saint
					Shrub		Arbuste
					Shrui	Cambod.	Cap
					Shua	Annam	Pagode
					Shui	Chine	Eau, cours d'eau
					Shul	Thibet	Chemin
					Shur	Perse	Amer, Saumâtre
					Shut	Perse	Rivière d'eau salée
					Si	Chine	Ouest, occidental ; Forêt ; Village
					Sia	Chine	Bas, inférieur
					Siah	Pers. et Afg.	Noir
					Siao	Yunnan	Petit
					Sibil	Turq.	Sentier, chemin muletier
					Sid	Écosse	Long
			S.		**Side-way**		Accotement de la route
					— road		
					Sighi	Turq.	Banc, haut-fond
					Sight		Vue
					Siipu	Ind. E. U.	Crique, anse
					Sil	Asie Cent.	Inondation
					Silk-mill		Filature de soie
					Siller	Écosse	Argent
					Silver		
					— mine		Mine d'argent
	D				**Simpang**	Malais.	Carrefour, embranchement
					Sin	Chine	Neuf, nouveau
					Sindger	Turq.	Chaîne

		Sing	Chine	Source, fontaine
		Sinikh	Turq.	Ruines
		Sink		Déblai
		Sios	Irlande	Bas
		Sipil	Turkest. et Chine	Fortification, mur d'enceinte
		Sir	Hindoust.	Tête, sommet, source, origine
		Sirik	Mongol.	Vallée
		Sirt	Turq.	Chaîne de montagnes
		Sivri	Turq.	Pointe
		Six		Six
		Siɣa	Perse	Noir
		Skam	Thibet	Stérile, aride, sec
		Ske	Thibet	Col, gorge
		Skeir	Écosse	Rocher
		Skep	Écosse	Ruche d'abeilles
		Skerries	Écosse	Ecueils
		Skew-bridge		Pont biais, oblique
		Slab		Dalle
		Slack	Écosse	Dépression
		Slate-quarry		Ardoisière
		Slaughter house		Abattoir
Sl.		**Slieve**	Irlande	Montagne
		Slime		Vase
		Slimɣ		Vaseux
		Slippery rock		Rocher glissant, peu stable
S.		**Slope**		Côteau, pente, talus
		Sloped bank		Berge, talus escarpé
		Sluggish creek		Ruisseau au cours lent
Sl.		**Sluice**		Ecluse
		Smad	Thibet	Région basse
		Sma'	Écosse	Petit, de peu d'étendue
		Small		

					English		French
					Small bay		Anse
					— farm		Métairie
					— wood		Bouquet de bois
					Smelting furnace		Haut-fourneau
					— house		Fonderie
					Smeltry		
					Smithy		Forge
					Smoky falls		Chute, cascades noires
					Snow		Neige
					— drift		Tourbillon de neige
					So	Chine	Corps de garde
					Soaks	Australie	Puits peu profond
					Soberga	Mongol	Pagode
					Soda		Soude
					Soengai	Ind. Chine	Cours d'eau
					Sofra	Turq.	Table
					Soft water		Eau douce
					Soil		Terre, sol
					Solthàn	Perse	Souverain, roi
					Son	Cambod.	Montagne
					Song	Annam	Rivière
					Sopa	Chine	Montagne
					Sôr	Perse	Dépression saline, sablonneuse
					Sou	Turq.	Eau, ruisseau
					Sou-deirmeni	Turq.	Moulin à eau
					Soudj	Perse	Froid
					Source		Source
				S. Sᵗʰ	South		Sud
					Southern		Méridional
					Space		Etendue d'un lieu
					Spang	Ecosse	Source
					Sate, Speate		Torrent

			Spin	Afg.	Blanc
			Spo	Thibet	Sommet de montagne
			Spot		Lieu, endroit, place
+Spr		Sp.	Spring		Source
			Spruce		Sapin
			Spur		Contrefort
			Sra	Cambodg.	Réservoir, citerne
			Srone	Écosse	Promontoire
			Stading water		Eau stagnante
			Stagnant		
			Stage		Étape, relais
			Stading lake		Lac aux eaux dormantes
			Stake		Poteau, pieu, piquet, jalon
			Stan	Perse	Suffixe servant à indiquer les noms de régions
			Staple		Marché
			State		Etat
		St. Sta	Station		Gare, station
			— house		Poste de police, corps de garde
			Staughted	Écosse	Etendu (adjectif)
			Stavros	Turq.	Croix
			Stead		Endroit, lieu
			Steam mill		Moulin à vapeur
			Steek	Ecosse	Clôture
		S.	Steel		Acier
			Steelworks		Aciérie
			Stell	Ecosse	Abri
			Steep	Ind. E. U.	Terre, Territoire
			....		Escarpé
			— bank		Banc escarpé
			rock		Rocher escarpé
			Steïhat	N. Afriq.	Plateau
			Still waters		Eaux paisibles

					Stinking		Puant
					Stob	Écosse	Borne
					Stock, Stoke		Endroit entouré de barrières
					Stockade		Barrière, palissade
				S. St.	Stone		Pierre
					— bridge		Pont de pierres
					— pit		Carrière de pierres
					— quarry		
					standing		Pierre droite
					— wall		Mur de pierres
					Stong	Thibet	Désert
					Stony		Rocailleux
					Store		Magasin
					Stow		Endroit entouré de palissades
					Straight		Droit, direct
				Str.	Strait		Détroit, col, défilé, gorge, chenal
					Strand		Rive, plage, grève
					Strath		Vallée, vallon
					Straw		Paille
				S. Str.	Stream		Cours d'eau
				St.	Street		Rue
					Strong		Violent, impétueux
					Stronghold		Place forte, forteresse
					Stud		Haras
					Stump		Borne
					Stung	Cambod	Cours d'eau sur sable ou cailloux
					Su	Chine	Territoire d'une ville
					—	Turq.	Eau, rivière
					Subs	Perse	Vert
					Suburb		Banlieue, faubourg
					Sudan	Arabe	Noir
					Sugar rafinerie		Raffinerie de sucre

			Suf	Arabe	Laine
			Suk	Arabe	Marché, froid, frais
			Sulphur		Soufre
			Sulphurous waters		Eaux sulfureuses
			Sum	Mongol.	Monastère
			Sumbi	Afriq. Cent.	Lac
			Summer		Eté
			Summit		Sommet, cime
			Sun		Soleil
			—	Haïnan	Chemin, sentier
		S. D.	— dial		Cadran solaire
			Sund		Détroit, col, défilé, gorge
			Sung	Chine	Pin
			Sunken rock		Rocher sous l'eau (ne découvrant jamais)
			Suong	Laos	Elevé, haut, grand
			Surkh	Perse	Rouge
			Surroundings		Alentours
			Suru	Turq.	Gris
			Survey		Etude topographique
			Surveying		Levé topographique
			Suspension bridge		Pont suspendu
			Swamp		Marécage, marais
			Sweet water		Eau douce
			Swi	Haïnan	Village
			Swing ou Swivel bridge		Pont tournant
			Syke	Écosse	Petit ruisseau

T

Ta	Chine	Préfixe signifiant : Grand
— **Tah**	Chine	Tour élevée ; pagode
--	Ind. Chine	Bac
—	Siam	Embouchure, estuaire, débar-cadère
Tabanak	Turq	Bas, inférieur
Tabia	Turq.	Fortification, redoute, batterie
Table land		Plateau
Tada	Hindoust.	Ile
Taftan	Perse	Ebulition ; emplacement d'un volcan
Tag	Thibet	Rocher ; montagne rocheuse
Tagh	Turkest.	Montagne
Tai	Chine	Terrasse, plateau, éminence
—	Siam	Sud
—	Polyn.	Mer
—	Thibet	Fort
Takir	Perse	Dépression, argileuse
Takht	Perse	Trône, siége
Tâl, Tale	Inde	Lac
Tala	Thibet	Marché
Taldik	Tartare	Droit, direct
Talla	Ind. E. U.	Ville
Tam	Ind. Chine	Cours d'eau, torrent
Tam	Tartare	Mur
Tan, tang	Chine	Rapide, rivière
Tan	Cambod.	Neuf, nouveau
Tang	Chine	Lac, marais
—	Pers. et Afg.	Défilé, gorge, col
—	Thibet	Steppe

				Terme	Langue	Signification
				Tangong, Tanjong	Malais.	Cap
				Tank	Ind. Chine	Ville de 2e ordre, capitale de province
			T.	Tank		Citerne, réservoir d'eau
				Tannery		Tannerie
				Tan-house		
				Tao	Chine	Ile
				Tappa	Inde	District
				Tar	Ind. E. U.	Pierre, rocher
				—	Tartare	Etroit, petit, resserré
				Tara	Mongol.	Désert
				Tarim	Asie Cent.	Cours d'eau
				Tarn		Lac, marais
				Tash	Turq. et Tartare	Extérieur; Pierre
				Tashkun	Tartare	Inondation
				Tashlik	Turq.	Contrée rocheuse, nue, stérile
				Tasik	Malais.	Lac, marais, marécage
				Tau	Asie Cent.	Montagne
				Taverne		Taverne, cabaret, auberge
				Tea	Hainan	Préfecture
				Tekan	Hindoust.	Hauteur
				Teke	Turq.	Couvent mahométan; Tombeau de Saint
				Tekne	Turq.	Canal
				Tel	Arabe	Colline, butte
				Telak, Teluk	Malais.	Baie, port, hâvre
				Telegraph line		Ligne télégraphique
				Telegraphic office		Bureau télégraphique
				Temple		Temple
				Ten		Dix
				Tenghi	Asie Cent.	Col, défilé, gorge étroite
				Teniet	Arabe	Chemin de montagne, défilé, col
				Tent		Tente
				Tepe	Turq.	Colline, hauteur, sommet, butte

				Ter.	Terrace above		S'élevant en terrasse
					Tere-khan	Perse	Rade, arsenal
					Terek	Turq. et Perse	Peuplier
					Territory		Territoire
					Teton	E. U.	Crête de montagne rocheuse à l'aspect abrupt
					Thal	Pendjab	Terre aride ; colline de sable
					Thang	Siam	Chemin, route, sentier
					Thick brush		Fourré épais
					Thing	Chine	Ville, sous-préfecture
					Thok	Thibet	Placer
					Thom	Cambod.	Grand
					Thorn		Epines, buisson
					Thorp		Hameau, village
					Thousand		Mille (nombre)
					Three		Trois
					Thsuan	Chine	Ruisseau
					Thsun, Thun	Chine	Bourg, village
					Thui, Thuk	Cambod.	Eau
					Thung	Chine	Hauteur, pic
					Ti	Chine	Digue, jetée
					—	Ind. E. U.	Eau
					Tian	Chine	Ciel ; les cieux
					Tie	Chine	Fer
					Tien	Chine	Champ, village. magasin ; Etang
					Tig	Ind. E. U.	Arbre
					Tigh, Ty	Écosse	Maison, demeure
					Tik	Tartare	Escarpé, à pic
					Tim	Chine	Montagne
					Timber		Arbres de haute futaie
					Timor	Malais.	Est
					Timour	Tartare	Fer
					Tin		Etain

Tin mine			Mine d'étain
Ting	Chine		Hauteur, pic ; Sous-préfecture indépendante ; cap, promontoire
Tioube	Turq.		Toit, toiture
Tiouch liouk	Turq.		Sud
Tioun djagɣ	Turq.		Nord
Tiouz	Turq.		Camp
Tiran	Turq.		Profond
Titi	Malais.		Pont
Tiu	Polyn.		Grand
Ta			Vers...., (direction)
—	Thibet		Haut, élevé, grand
..	Ind. E. U.		Rivière, eau
Tobar, Tober	Écosse		Source, puits, cours d'eau
Tob-khané	Perse		Parc d'artillerie
Tod	Thibet		Haut, supérieur
Tog	Thibet		Sommet, au-dessus
Toi	Cambod.		Petit
Toisolme ascent			Ascension, montée pénible
Tokai	Turkest.		Bois, broussailles
Tokhtalmak	Turq.		Arrêt, halte, station, gîte
Tol	Polyn.		Montagne
T. G. Toll gate			Barrière de péage
Tolkha	Mongol		Source de la rivière
Tom	Thibet		Marché, bazar
Toman	Afgh.		Camp de tentes
Tombas	Turq.		Lac
Tong	Annam		Canton
—	Chine		Est
—	Siam		Montagne
Tong-cher	Thibet		Ville
Toule	Cambod.		Grande rivière ; lac
T. Top			Haut, sommet, cime

				Topography		Topographie
				Tor		Tour, montage, pic
				Tora	Nouv. Guinée	Arbre
				Torny		Epines, épineux
				Torok	Turq.	Sommet
				Torokai	Thibet	Chemin, sentier
				Toward		Vers.., de.., à.... (direction)
				Tower		Tour, forteresse
				Town		Ville, capitale
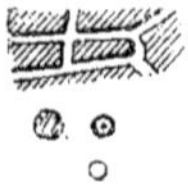	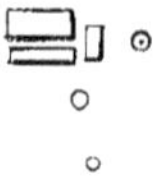			— of first classe		Ville de 1re classe
				— second —		— 2e —
				— third —		— 3e —
				— fourth —		— 4e —
				Township		Territoire, juridiction d'une ville
			Tk.	Track		Chemin, route, piste, chenal, passe étroite
				Trade road		Route commerciale, de trafic
				Trai	Annam	Village
				Traigh	Ecosse	Plage, grève
				Trail		Sentier, piste
				Tran	Cambod.	Plaine
				Tree		Arbre
				Trench		Tranchée, fossé
				Trestle		Chevalet, traverse de pont
				Tribe		Tribu
				Tributary		Affluent
				Trigonometral point		Point trigonométrique
				Trik	Arabe	Route, chemin
			Tr.	Trough		Vallée
				Trung	Cambodg.	Canton
				Trusan	Malais.	Chenal, passage
			Tr.	Truss		Travée, armature
				Tsa	Thibet	Sel ; chaud ; prairie, gazon

					Terme	Origine	Signification
					Tsagan	Mongol	Blanc
					Tsaidam	Thibet	Marais salants
					Tsao	Chine	Prairie, Herbage, gazon
					Tse	Chine	Etang
					Tselim	Asie Cent.	Noir
					Tsen	Chine	Village
					Tsi	Chine	Bourg
					Tsiu	Haïnan	Sous-Préfecture
					Tso	Thibet	Lac
					Tsui	Chine	Promontoire, cap
					Tsun	Chine	Hameau
					Tu	Chine	Gué ; Capitale ; Terre
					Tugurmen	Tartare	Moulin
					Tui	Chine	Eau
					Tullu	Ind. E. U.	Pic élevé
					Tumta	Mongol	Milieu, centre
					Tumbling water		Chute d'eau
					Tun	Chine	Avant-poste ; poste avancé
					Tundra		Plaine marécageuse
					Tung	Chine	Petit passage ; cuivre ; Est
					—	Ind. Chine	Forêt
					Tunnel		Tunnel
					Tupe	Tartare	Sommet, faîte, cîme
					Tupik	Ind. E. U.	Source, puits
					Turbat	Perse	Tombeau
					Turf		Tourbe ; gazon
					— pit		Tourbière
				T.P.	Turnpike road		Chemin à barrière, à péage
					Tutan	Chine	Bac
					Tuz	Tartare	Sel
					Tuzla	Tartare	Saline
					Two		Deux

		Tү	Écosse	Maison, demeure
		Tүap	Turkest.	Ravin, gorge
		Tүol	Turkest.	Steppe
		Tүnү	Écosse	Très petit

U

		Uchau	Chine	Bois, forêt, broussailles
		Uchma, Ujma	Turkest.	Station de poste
		Ugu	Nigeria	Montagne, colline
		Ui	Tartare	Tente, maison, demeure
		Ula	Chine	Cours d'eau
		— , Ul	Mongol.	Montagne
		Ulan	Mongol. et Turkest.	Rouge
		Ulu	Tartare	Grand
		Ulugh	Tartare	Grand, haut, élevé
		Ulus	Tartare	Tribu
		Ulzie	Écosse	Huile
		Uma	Zambèze	Sec
		—	N. Guinée	Jardin
		Umai	Chine	Bois
		Unbroken		Continu, non interrompu
		Uncovering rock		Rocher ne couvrant jamais
		Uncultivated		Inculte
		Undergrowth		Broussailles
		Underwood		Taillis, bois taillis
		Undoulation ground		Terrain ondulé
		Ungur	Tartare	Caverne
		Unknown		Inconnu
		Up		Haut, élevé, en haut
		Up land		Plateau ; Haut pays

		Up the river		En amont
Up^r		Upper		Supérieur, haut
		Urdû	Turq.	Camp, marché
		Urgo	Mongol	Lieu inhabité
		Urtang	Tartare	Station de poste
		Ussu	Mandch.	Rivière
		Ustang	Turkest.	Grand canal
		Ustun	Tartare	Supérieur, haut
		Usu	Mong. et Thib.	Eau
		Usurveyed		Inexploré, non reconnu
		— road		Route incertaine, piste
		Ut	Tartare	Herbe; Feu
		Utan	Malais.	Bois, forêt
		Utra, Urtra, otra	Tartare	Milieu, centre
		Uttar	Hindoust.	Nord
		Uγ, Ui	Asie Cent.	Tentes, campement de tentes
		Uγasd	Asie Cent.	District
		Uzun	Turq.	Long, étendu, lointain

V

		Vahal	Pendjab.	Dépression longue et étroite
		Vai, Uai, Wai	Polyn.	Eau
		Val, Vala	Inde	Ville
		Vale		Vallon
		Valley		Vallée
		Van	Hindoust.	Bois, forêt
		Vapi	Hindoust.	Lac, marécage
		Vări	Hindoust.	Eau
		Văs, Váti	Hindoust.	Maison, demeure
		Vat	Cambod.	Monastère boudhiste, pagode

				Vat	Hindoust.	Route, chemin
				Váti	Hindoust.	Jardin, plantation
				Veni	Hindoust.	Confluent
				Vernal		Printemps
				Viaduct		Viaduc
				Vien	Siam	Ville de 4ᵉ ordre
				Vil	Ind. Chine	Village
			Vill.	Village		Village
				Vilayet	Turq.	Gouvernement d'une province
				Vineyard		Vignoble
				Viràn	Turq. et Perse	Ruines
				Vnam	Cambod.	Montagne, hauteur
				Volcano		Volcan
				Volcanic		Volcanique
				Vung	Annam	Baie

W

				Wa	Écosse	Mur, muraille
				Waal	Écosse	Puits, source
				Wad, Wadi	Arabe	Canal sec en été, cours d'eau
				Wai	Archip.	Eau, rivière
				—	Chine	Extérieur, au loin
				Walk		Allée, chemin, route
			W.	Wall		Mur, muraille
				Walled		Entouré de murs
				Wan	Chine	Baie
				—	Yunnan	Noir
				War	N. Afriq.	Contrée difficile
				Wará	Hindoust.	Eloigné, lointain
				Ward		Subdivision territoriale de quelques comtés anglais

		Warehouse		Magasin, entrepôt
		Warm water		Eau chaude
		Warmspring		Source chaude
		Wash-place		Lavoir
		Waste-land		Lande
		Wat	Ecosse	Humide
		—	Cambod. et Siam	Pagode, monastère, temple
		Watch house		Corps de garde
	W.	Water		Eau
		— course		Canal, fossé
		— fall		Chute d'eau
		— gage		Digue, barrage
		— house		Réservoir, citerne
	WT.	— tank		
		— mill		Moulin à eau
	WW.	— works		Etablissement pour la distribution des eaux
		Waterhole		Trou rempli d'eau
	W. Pl.	Watering place		Abreuvoir, aiguade
		Watery		Humide
		Waving		Agité (en parlant des eaux)
		Way		Chemin
		Weald		District boisé, bois
		Weed		Mauvaise herbe
		Weem	Écosse	Caverne
		Wei	Chine	Garnison militaire
		Weigh-bridge		Pont à bascule
	W. M.	Weighing machine		Bascule
		Weir		Barrage
	W.	Well		Puits
	W.	West		Ouest
		Western		Occidental
		Wharf		Quai, embarcadère

				English		French
				Wheal		Mine
				Wheat		Froment, blé
				Whin		Genêt épineux, ajonc
				Whirlpool		Tourbillon, gouffre
				Whirlwind		Tourbillon de vent
				White		Blanc
				Whitish		Blanchâtre
				Wick, Vich, Vic		Village, demeure, séjour
				Wide		Large
				Wild		Sauvage
				Wilderness		Désert, solitude, vaste étendue
				Will		Maison, demeure, séjour
				Willow		Saule
				Win		Blanc
				Wind mill		Moulin à vent
				— pump		Pompe à vent
				Winewault		Cabaret
				Winter		Hiver
				Wold		District boisé
				Wood		Bois, forêt
				— bound		Entouré d'une forêt, d'une haie
				— reeve		Garde forestier
				— ward		
				Wooded		Boisé, couvert de bois
				Woden bridge		Pont de bois
				Wool		Laine
			Wks.	Works		Ouvrages de fortification
				Work house		Atelier
				— shop		
				World		Monde, univers
				Wu	Pamir	Passage, col
				Wud, Wuju	Ind. E. U.	Montagne

			Wun	Ind. E. U.	Montagne
			Wɣke		Petite baie, anse
			Wɣnd	Écosse	Allée, chemin
			Wɣsg	Écosse	Eau courante

X

			Xam	Annam	Village
			Xieng	Siam	Ville de 2e ordre ; capitale de province ou de district

Y

			Ya	Chine	Résidence officielle
				Ind. Chine	Eau
			—	Nouv. Guinée	Maison, demeure
			Yagi	Écosse	Glace
			Yaïla, Yailak	Tartare	Demeure, pâturage d'été
			Yak	Perse	Neige
			Yaka	Tartare	Limite, frontière, extrémité
			Yalud	Perse	Rivage, bord de la mer
			Yang	Yunnan	Gué
			—	Chine	Bleu
			Yangi, Yani	Tartare	Neuf, nouveau
			Yao	Chine	Petit
			Yar	Turq.	Ravin, falaise
			Yard		Mesure de longueur $= 0^m914$
			—		Lieu, endroit clos
			Yaru	Thibet	Supérieur, haut
			Yellow		Jaune
			Yen	Chine	Digue, jetée ; Lac, marais ; Caverne ; Sel

Yen	Haïnan	Sous-préfecture
Yen-tun	Chine	Balise, signal, feu
Yer	Turq.	Pays, contrée, territoire, localité
Yeshil	Turq.	Vert
Yet	Ecosse	Porte, barrière
Yilga	Asie Cent.	Vallée, ravin
Yin	Chine	Argent
Ying	Chine	Place militaire fortifiée, camp
Yog	Thibet	En bas, inférieur
Yokara	Turq.	Supérieur, haut
Yol	Turq.	Chenal; Route
Yort	Siam	Pic
Yowi, Yui	Australie	Eau
Yuen	Chine	Source
Yusksek	Turq.	Haut
Yurt	Asie Cent.	Tente de famille
Yurta	Turkest.	Campement

Z

Zaï	Afg.	Tribu, aglomération de familles
Zam-pa	Thibet	Pont
Zang	Afr. Cent.	Lieu de halte
Zang, Zanj	E. Afriq.	Noir
Zar-ba	Thibet	Escarpé; Passage sur une montagne
Zeitun	Arabe	Olives
Zemla	Arabe	Grande dune
Zheng	Thibet	Plaine
Zhing	Thibet	Terre cultivée
Ziarat	Perse	Sacrifice
Zone		Zône

III

Cartes du service hydrographique anglais

Cliffy coast line	Côte garnie de falaises
Coast line backed by steep hill	Côte adossée à des hauteurs escarpées
Sandy shore	Rivage de sable
Sand with gravel mixed (dry at Low water)	Sable et gravier mélangés (à sec à marée basse)
Sand and mud mixed (dry at Low water)	Sable et vase mélangés (à sec à marée basse)
Gravel or shingle bank and beach (dry at Low water)	Gravier ou banc de galets et plage de galets (à sec à marée basse)
Stone bank and beach (dry at Low water)	Banc de pierres et plage de pierres (à sec à marée basse)
Mud bank and beach (dry at Low water)	Banc de vase et plage de vase (à sec à marée basse)
Shoal Banks which do not uncover, where the depth is known	Bancs de sable qui ne découvrent pas et dont on connaît le fond
Sand that dries at Low water	Sable sec à marée basse
Sandy beach dry at Low water	Plage sablonneuse sèche à marée basse
Sand hills	Collines de sable
Rocky Ledges which cover and uncover	Rivages rocheux couvrant et découvrant
Rocks with less than 6 feet at Low water	Roches à une profondeur, de plus de 6 pieds (1^{m}829), à marée basse

	English	French
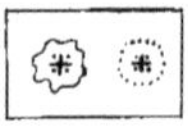	**Rocks awash at Low water**	Roches qui découvrent
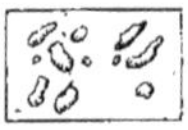	**Isolated Rocks which do not cover, or are dry at high water springs**	Roches isolées ne couvrant pas et à sec à marée haute
	**Rocks with limiting danger line**	Rochers avec limite de ligne de danger
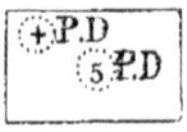	**Rock or shoal whose existence is known, but the position doubtful**	Rocher ou banc de sable dont on connait l'existence, mais de position douteuse
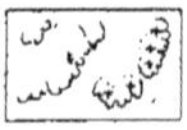	**Coral Reefs**	Récifs de corail
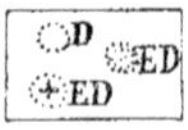	**Rock or shoal whose existence is doubtful**	Roches et bancs de sable dont l'existence est douteuse
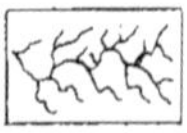	**Kelp**	Varech
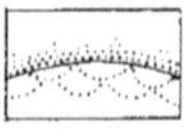	**Breakers along a shore**	Brisants le long du rivage
	**Overfalls ane Tide rips**	Hauts-fonds et raz de marée
	Eddies	Mascaret
	Currents	Courants
	Flood tide steam	Courant du flot
	Ebb tide stream	— jusant
	At high water full & change of the Moon, the Hour is expressed in Roman figures	Les hautes eaux, les changements de lunes et les heures sont indiqués en lettres et chiffres romains

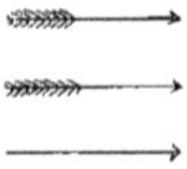

1 fathom and less	Ligne de niveau de	1 brasse $=$ 1^{m}829
3 — —	et inférieur à	3 — $=$ 5^{m}487
5 — —		5 — 9^{m}145
10 — —		10 — $=$ 18^{m}290
20 — —		20 — $=$ 36^{m}580
100 — —		100 — $=$ 182^{m}900

	English	French
	**Mangroves**	Mangliers
	**Trees**	Arbres

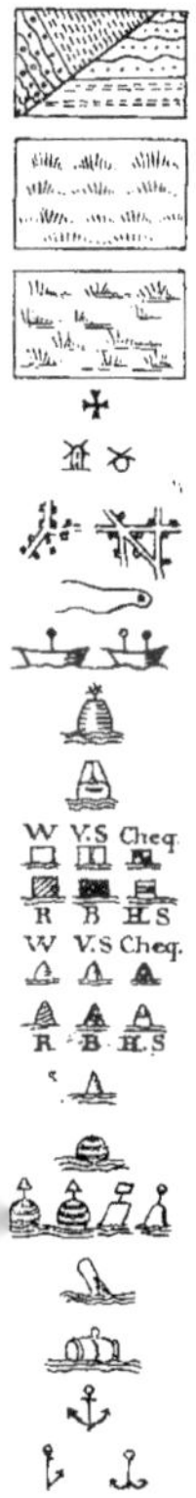

	English	French
	Cultivated ground and gardens	Terres cultivées et jardins
	Grass and meadow land	Prairies et herbages
	Swampy, marshy or mossy land	Marais et marécages
	Churches	Eglises
	Windmills	Moulins à vent
	Villages ands Towns	Villages et Villes
	Lighthouses (position of)	Phares (position de)
	Floating light vessels	Bâteaux phares, feux flottants
	Gaslight buoys	Bouées éclairées au gaz
	Bell —	— à cloches
	Can —	Bouées { en baril / en forme de 2 cônes
	Conical —	Bouées coniques
	Nun —	Bouées pointues des deux bouts
	Spherical —	— sphériques
	Buoys with beacons	— avec balises
	Spar buoys	— sur épars
	Mooring —	— sur un corps mort
	Anchorage for large vessels	Mouillage pour gros navires
	— — small —	— — petits —

W. Blanc
V.S Bande verticale
Cheq. A damier
R. Rouge
B. Noir
H.S Bande horizontale

W V.S Cheq.
R B H.S

W V.S Cheq.
R B H.S

Lights

Feux

Lt	Light	Feu
Lt Alt.	— alternating	— alternatif
Lt F.	— fixed	— fixe
Lt Fl.	— flashing	— à éclats
Lt Occ.	— occulting	— à occultation
Lt Rev.	— revolving	— tournant
Lt F. Fl.	— fixed & flashing	— fixe et à éclats
Lt Grp. Fl.	— group flashing	— à éclats groupés
Lt Grp. Occ.	— — occulting	— à occultation groupés

Kind of bottom | Nature des fonds

b	**Blue**	Bleu	*oys*	**Oysters**	Huitres
blk	**Black**	Noir	*oz*	**Ooze**	Fange
br	**Brown**	Brun	*peb*	**Pebbles**	Cailloux
brk	**Broken**	Brisé	*pt*	**Pteropod**	
c	**Coarse**	Gros	*r*	**Rock**	Roches
cl	**Clay**	Argile	*rad*	**Radiolaria**	
crl	**Coral**	Corail	*rot*	**Rotten**	Pourries
d	**Dark**	Sombre, foncé	*s*	**Sand**	Sable
f	**Fine**	Fin	*sft*	**Soft**	Mou
for	**Foraminifera**		*sh*	**Shells**	Coquilles
g	**Gravel**	Gravier	*sm*	**Small**	Petit
gl	**Globigerina**		*spk*	**Speckled**	Tacheté
gn	**Green**	Vert	*st*	**Stones**	Pierres
grd	**Grund**	Terre	*stf*	**Stiff**	Ferme, épais
gy	**Gray**	Gris	*w*	**White**	Blanc
h	**Hard**	Dur	*wd*	**Weed**	Algues
m	**Mud**	Vase	*y*	**Yellow**	Jaune

Abréviations générales

Alt	**Alternating**	Alternatif (feu)	*Cath.*	**Cathedral**	Cathédrale
Auch⁰	**Anchorage**	Mouillage	*Ch.*	**Church**	Église
B	**Bay**	Baie	*Chan.*	**Channel**	Chenal, canal
B	**Black**	Noir (bouée)	*Cheq.*	**Chequered**	Couleurs variées (bouée) / A damier
Bat'	**Battery**	Batterie	*Cold^d*	**Coloured**	Colorié
B^k	**Bank**	Banc	*Cr.*	**Creek**	Crique, anse
B^n	**Beacon**	Balise	*E. D.*	**Existence doubtful**	Existence douteuse
C.	**Cape**	Cap	*Fl^g L^t*	**Floating Light**	Feu flottant
C. G.	**Coast Guard**	Garde côte	*Fms*	**Fathoms**	Brasses

F. S.	Flagstaff	Mât de pavillon	Np.	Neaps	Morte-eau
Ft	Feet or Foot	Pieds (mesure)	Obsn Spot	Observation Spot	Lieu des observations
G.	Gulf	Golfe	P.	Port	Port
Gr. Grn	Green	Vert (bouée ou feu)	P. D.	Position doubtful	Position douteuse
Gt Grt	Great	Grand	Pk	Peak	Pic
H.	Hour	Heure	Pt	Point	Point
Hd	Head	Tête, avant, origine	R.	River	Rivière
Ho	House	Maison	R.	Red	Rouge (bouée ou feu)
Hr	Harbour	Port	Rf	Reef	Récif
H. S.	Horizontal Stripes	Bande horizontale (bouée)	Rk	Rock	Roche, Rocher
H. W.	High Water	Hautes eaux	Sd	Sound	Sonde
H. W. F. & C.	High Water Full & Change	Hautes eaux et Changements de lune	Sec	Seconds	Secondes (près d'un feu)
I. Id	Island	Ile	Sem.	Semaphore	Sémaphore
Is	Islands	Iles	Sh.	Shoal	Haut-fond, banc de sable
Kn	Knots	Nœuds	Sig. Stn	Signal Station	Station de signaux
L.	Lake, Loch, Lough	Lac, bras de mer	Sp.	Springs	Sources
Lat	Latitude	Latitude	Stn	Station	Station
L. B.	Lifeboat	Bâteau de sauvetage	Str.	Strait	Défilé ; passage étroit
L. S. S.	Life Saving Station	Station de sauvetage	Tel.	Telegraphe	Télégraphe
Long.	Longitude	Longitude	Tel. Stn	Telegraphe Station	Station télégraphique
L. W.	Low Water	Marée basse	Varn	Variation	Variation
Magz	Magazine	Magasin	Vil.	Village	Village
Magc	Magnetic	Magnétique	Vis.	Visible	Visible (feu)
m.	Miles	Miles (mesure) } près d'un feu	V. S.	Vertical Stripes	Bandes verticales (bouée)
Min.	Minutes	Minutes }	W.	White	Blanc (bouée ou feu)
Mt	Mountain	Montagne	W. Pl.	Wathering Place	Aiguade ; lieu propice à faire de l'eau

	English	French
	Rocky bluff	Falaises
	Ledge of bowlders and shore steep to	Bords de cailloux et côte à pic
	Three fathom line	Ligne de 3 brasses
	Two — —	— 2 —
	One — —	— 1 —
	Sandy beach { L. W. line / H. W. line }	Limite des sables à { marée basse / marée haute }
	Mud dry at low water	Vase sèche à marée basse
	Sand and mud dry at low water	Sable et vase à sec à marée basse
	Gravel or shingle beach { L. W. line / H. W. line }	Rivage de gravier ou galets { à marée basse / à marée haute }
	Coral Ledges which cover and uncover	Bords de corail qui couvrent et découvrent
	Rocky Ledges which cover and uncover	Bords de rochers qui couvrent et découvrent
	Stony bank and beach dry at low water	Banc de pierres et rivage à sec à marée basse
	Breakers, overfalls and tide rips	Brisants, bancs dangereux et clapotis du courant
	Limiting danger line	Ligne de limite dangereuse
	Whirlpools ant Eddies	Remous, tourbillons
	Steep shore	Rivage à pic
	Coral or rocky reef in shoal water	Récif de corail ou de rocher en eau peu profonde
	Kelp	Algues, varech

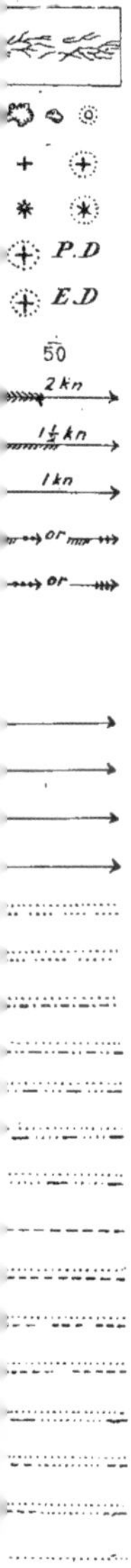

Eel grass	Algues marines
Rock above water	Roche isolée qui ne couvre jamais
— under —	— — découvre —
— awash at any stage of the tide	— qui couvre et découvre au moment de la marée
— whose position is doubtful	— dont la position est douteuse
— — existence —	— — l'existence —
No bottom a 50 fathoms	Profondeur à laquelle on n'a pas rencontré le fond
Currents, velocity 2 knots	Courant, vitesse 2 nœuds
Tidal currents { **Flood 1 1/2 knots** / **Ebb 1 knot**	Courants { du flot 1 nœud 1/2 / du jusant 1 nœud
2 d. hour flood current	Courant du flot 2 heures
3 d. — ebb —	— jusant 3 —

The periode of a tidal current and its direction is sometimes denoted by I Qr, II Qr, etc., or I h., II h. etc., one the arrow thus :

La période du courant de la marée et des directions sont quelquefois indiquées sur la flèche par I Qr, II Qr etc. ou I h, II h, etc. et de la façon suivante :

3 d. quarter flood current	Courant du flot 3e quartier
1 st. — ebb —	— jusant 1er —
2 d. hour flood —	— flot 2 heures
4 th. — ebb —	— jusant 4 —

English	French		
4 Fathom line	Ligne de niveau de	4 brasses =	7^m316
5 —	— —	5 —	9.145
10 —	— —	10 —	18.290
20 —	— —	20 —	36.580
30 —	— —	30 —	54.870
40 —	— —	40 —	73.160
50 —	— —	50 —	91.450
100 —	— —	100 —	182.900
200 —	— —	200 —	365.800
300 —	— —	300 —	548.700
500 —	— —	500 —	914.500
1000 —	— —	1000 —	1829.000
2000 —	— —	2000 —	3658.000
3000 —	— —	3000 —	5487.000
Range line	Alignement		

	Track portion of range line	Portion de la trace de l'alignement
	General track	Passes générales
	Unsurveyed coast	Côte non levée
	Danger line	Ligne dangereuse
	Variation line	— variable
	No variation line	— non variable
	Light house or lighted beacon	Phare ou balise éclairée
	Light vessels	Bâteaux phares
	Bell Boat	Bâteau cloche
	Beacons (not lighted)	Balises (non éclairées)
	Spindle or stake	Fuseau ou perche
	Mooring buoy	Coffre d'un corps mort
	Green, red, yellow, or wite buoy	Bouée verte, rouge, jaune ou blanche
	Black buoy	— noire
	Danger buoy (horizontal stripe)	— de danger (bande horizontale)
	Channel buoy (vertical stripe)	— de chenal, de passe (bande verticale)
	Whistling buoys	— sifflantes, à sifflet
	Bell buoys	— à cloches
	Lighted buoys	— lumineuses
	Distinctive buoys	— distinctives
	Wreck	Epaves
	Life saving station	Station de sauvetage
	Anchorage for large vessels	Mouillage pour gros navires
	— — small —	— — petits —
	Sand hills	Collines de sable
	Swampy and marshy land	Terrain marécageux
	Grassy plain and bushes	Plaine de gazon et broussailles
	Mangrove	Manglier, palétuvier
	Pine	Pins

	English	French
	Woods (deciduous)	Bois à feuillages caducs
	Palms	Palmiers
	Salt Marsh	Marais salants
	Vooded Marsh	Marais boisé
	Oak	Chênes
	Cacti	Cactus
	Palmetto	Palmiers nains
	Plantains	Bananiers
	Cotton	Coton
	Cogon	
	Mangoes	Manguiers
	Sugar	Canne à sucre
	Cane	Roseaux
	Rice fields with dike and ditches	Champs de riz avec digues et ossés
	Orchard	Verger, jardin fruitier
	Cultivated patch	Terrain cultivé
	Garden	Jardin

	Canal	Canal
	Railroad	Voie ferrée
	Common road	Routes ordinaires
	Path	Sentier
	Trail	Piste
	Tel. cable	Cable télégraphique
	Semaphore or signal station	Station de sémaphore ou signal
	Storm signal station	Station de signal de tempête
	Flagstaff	Mât de pavillon
	Single trees and groups	Arbres isolés et groupes d'arbres
	Towns and Villages (according to scale)	Villes et Villages (suivant l'échelle)
	Single houses	Maisons isolées
	Churches	Eglises, chapelles
	Fort or Battery	Fort ou batterie
	Windmill	Moulins à vent
	Cemetery	Cimetières
	Ruins	Ruines
	Fences and Hedges	Palissades et haies
	Triangulation station	Station de triangulation
	Observation spot	Point déterminé
	Boundary	Limites
	Dam	Barrage, digue
	Bridges	Ponts
	Ferry	Bac
	Falls	Chutes d'eau, cataractes
	Rapids	Rapides
	Fish weirs	Barrage pour le poisson
	Roulette-Shaded Hillwork	Représentation des hauteurs par des ombres
	Curves of equal elevation	Courbes de niveau
	Hachured Hillwork (used on earlier and sometimes on new charts)	Représentation des hauteurs par des hachures (en usage dans les anciennes et quelquefois dans les nouvelles cartes)

ABRÉVIATIONS

For points of the compas ——————— Pour les points du compas

Nd	**Northward**	Direction du Nord	*Nly*	**Northerly**	Septentrional
Sd	**Southward**	— Sud	*Sly*	**Southerly**	Méridional
Ed	**Eastward**	— de l'Est	*Ely*	**Easterly**	Oriental
Wd	**Westward**	· · Ouest	*Wly*	**Westerly**	Occidental

Near buoys ——————— Près des bouées

B., bk	**Black**	Noir	*Ch.chec*	**Checkered**	Couleurs variées, à damier
W., wh	**White**	Blanc	*H.S.* *hor. str.*	**Horizontal stripes**	Bandes horizontales
R., rd	**Red**	Rouge			
G., gn	**Green**	Vert	*V.S.* *ver. str.*	**Vertical** —	— verticales
Y., yl	**Yellow**	Jaune			

For kinds of bottom ——————— Pour les différentes espèces de fonds

MATERIALS ——————— MATÉRIAUX

Cin	**Cinders**	Escarbilles	*Obs.*	**Obsidian**	Obsidiane
Cir	**Cirriped**	Cirrhopodes	*Oys*	**Oysters**	Huîtres (Huît.)
C	**Clay**	Argile (Arg.)	*P*	**Pebbles**	Cailloux (Cail.)
Co	**Coral**	Corail (Cor.)	*Pt*	**Pteropod**	
Fo	**Foraminifera**	Foraminifères	*Po*	**Polyzoon**	
G	**Gravel**	Gravier (Gr.)	*Pu*	**Pumice**	Pierre ponce
Gl	**Globigerina**		*Ra*	**Radiolaria**	
Grs	**Grass**	Herbes (H. Herb)	*S*	**Sand**	Sable (S.)
Gt	**Grit**	Grès dur	*Sco*	**Scorie**	Scories
Lap	**Lapilli**		*Sh*	**Shells**	Coquilles (Coq.)
L	**Lava**	Lave	*Sp*	**Specks**	Tacheté
K	**Kelp**	Varech	*Spi*	**Spicules**	En pointe
Mad	**Madrepore**	Madrépores (Mad)	*Spo*	**Sponge**	Eponges
Man	**Manganese**	Manganèse	*St*	**Stone**	Pierres (Pi)
Mrl	**Marl**	Marne	*Wd*	**Weed**	Algues (Al.)
O	**Ooze**	Fange (F.)			

Colors ——————— Couleurs

bk	**Black**	Noir (n)	*gy*	**Gray**	Gris (gr)
br	**Brown**	Brun	*lt*	**Light**	Clair
bu	**Blue**	Bleu	*rd*	**Red**	Rouge
dk	**Dark**	Sombre, foncé	*wd*	**White**	Blanc (bl)
gn	**Green**	Vert (v)	*yl*	**Yellow**	Jaune (J)

Other qualities — Différentes qualités

cal	**Calcareous**	Calcaire	*rky*	**Rocky**	Rocheux (R.)
brk	**Broken**	Brisé (br.)	*rot*	**Rotten**	Pourri (po)
crs	**Coarse**	Gros (g.)	*stk*	**Sticky**	Gluant
dec	**Decayed**	Pourries (po)	*stf*	**Stiff**	Ferme, épais
fne	**Fine**	Fin (f)	*sft*	**Soft**	Mou, molle (m)
fly	**Flinty**	Silicieux	*sml*	**Small**	Petit, te (Pit, Pite)
gty	**Gritty**	Gravier et Sable	*spk*	**Speckled**	Tacheté
grd	**Ground**	Fond (Fd)	*str*	**Streaked**	Rayé, bariolé
hrd	**Hard**	Dur (d)	*vol*	**Volcanic**	Volcanique
lrg	**Large**	Large, grand, gros			

Abréviations générales

abt	**About**	Autour de... En revirant	*Br*	**Brook**	Ruisseau
alt	**Altitude**	Altitude	*C*	**Cape**	Cap
Am	**American**	Américain	*Capt*	**Captain**	Capitaine
Anch	**Anchorage**	Mouillage	*Cath*	**Cathedral. Catholic**	Cathédrale, Catholique
anc	**Ancient**	Ancien	*Cem't'y*	**Cemetery**	Cimetière
Apr	**April**	Avril (mois)	*Chan*	**Channel**	Chenal, passe
appr. *approx.*	**Approximate**	Approximatif	*Ch'y*	**Chimney**	Cheminée
			Chin	**Chinese**	Chinois
A	**Arroyo**		*Ch*	**Church**	Église
Ar	**Arabic**	Arabe	*civ*	**Civil**	Civil
Arch. *Arch'go*	**Archipelago**	Archipel	*C. G.*	**Coast guard**	Garde côtes
			col'd	**Colored**	Coloré, de couleurs
astron	**Astronomical**	Astronomique	*Comdg*	**Commanding**	Commandant
Asst	**Assistant**	Aide, auxiliaire	*Comdr*	**Commander**	Commandement / Capitaine de frégate
Aug	**August**	Août (mois)			
Av.	**Avenue**	Avenue	*Commo*	**Commodore**	Commodore, Chef d'escadre
Bapt.	**Baptist**	Anabaptiste	*Confed*	**Confederation**	Confédération
Bk	**Bank, Bark**	Digue, terrasse, écueil, élévation de terre, de sable / Écorce, enveloppe, trois mâts	*consp's*	**Conspicuous**	Visible, bien en vue
Bkt	**Barkentine**		*cor*	**Corrected** / **Correction**	Correct, exact, correction
Batt	**Battery**	Batterie	*Co*	**County**	Comté
B	**Bay, Bight**	Baie, golfe, crique, anse	*Cr*	**Creek**	Crique, bras de mer / Petit cours d'eau
Bn	**Beacon**	Balise			
bet	**Betwen**	A fleur d'eau, entre deux eaux	*Cus. ho*	**Custom house**	Douane
Braz	**Brazilian**	Brésilien	*Dan*	**Danish**	Danois
Bg	**Brig**	Brig; navire à deux mâts	*Dec*	**December**	Décembre (mois)
Bgt	**Brigantine**	Brigantin	*Dept*	**Department**	Département
Brit	**British**	Britannique	*destr'd*	**Destroyed**	Détruit
B. A.	**British Admiralty**	Amirauté britannique	*discol'd*	**Discolored**	Décoloré

'iscon'd	**Discontinued**	Interrompu
Dist	**District, distance**	District, arrondissement; Distance
Dom	**Dominion**	Empire, Etat
Egypt	**Egyptian**	Egyptien
elev	**Elevation**	Élévation
Engl	**English**	Anglais
Eng'r	**Engineer**	Ingénieur, mécanicien
equin'l	**Equinoctial**	Equinoxial
Ens	**Ensign,Ensenada**	Drapeaux, les couleurs ; Enseigne
st.Establ.	**Establisshment**	Etablissement
Est'o	**Estero**	
Estu'y	**Estuary**	Estuaire ; embouchure
etc	**Et cetra**	Et cœtera
E. D	**Existence doubtful**	Existence douteuse
extr	**Extreme. extremity**	Extrémité
fact'y	**Factory**	Comptoir, factorerie, fabrique, manufacture, usine
fms	**Fathoms**	Toise, brasse
Feb	**February**	Février (mois)
F. S. / Flgst	**Flagstaff**	Mât de pavillon
fl	**Flood**	Flot
Flem	**Flemish**	Flamand
ft	**Feet, foot**	Pied
Ft	**Fort**	Fort
Fr	**French**	Français
Gen'l	**General**	Général
geog	**Geographical**	Géographique
Ger	**German**	Allemand
Gov'r	**Governor**	Maitre, souverain, gouverneur, directeur
Gov't	**Government**	Gouvernement
Gt	**Great**	Grand
Gr	**Greenwich**	Greenwich
Grk	**Greek**	Grec
G	**Gulf**	Golfe
Hbr	**Harbor**	Port, hàvre
Hd	**Head**	Tête, avant, origine Source d'un fleuve
ht	**Heigt**	Hauteur, haut, élévation
H.W.	**High Water**	Grande marée, flot

H. W. F & C	**Hihh Water at full and change** (of the mone)	Grande marée au changement et à la pleine lune
hr	**Hour**	Heure
hrs	**Hours**	Heures
ho	**House**	Maison, demeure
Hung	**Hungarian**	Hongrois
H. O	**Hydrographic office**	Service hydrographique
H.N	**— notice**	Information —
Inhab	**Inhabitants**	Habitants
Ir	**Irish**	Irlandais
irreg	**Irregular**	Irrégulier
I	**Island or Isle**	Ile
in	**Inch**	Pouce
ins	**Inches**	Pouces
Is	**Islands**	Iles
It	**Islet**	Ilôt
Ital	**Italian**	Italien
Jan	**Jannary**	Janvier
Jul	**July**	Juillet (mois)
Jun	**June**	Juin
Junct	**Junction**	Embranchement
kn	**Knots**	Nœud
Ln	**Lagoon**	Lagune
P	**Lake, loch, lough**	Lac, bras de mer
Ldg	**Landing**	Débarcadère
Ldg. Pl	**Landing-Place**	Lieu de débarquement
Lat	**Latitude**	Latitude
Lieut	**Lieutenant**	Lieutenant
Lieut. Comdr	**Lieutenant Commander**	Commandant en second
L. B	**Life Boat**	Bàteau de sauvetage
L.S.S	**Life saving station**	Station de sauvetage
Lit	**Little**	Petit
Long	**Longitude**	Longitude
L	**Low**	Bas
L.W	**Low water**	Marée basse ; jusant
Luth	**Lutheran**	Luthérien
Magz	**Magazine**	Magasin
Mag	**Magnetic**	Magnétique
Mar	**March, Maritime**	Mars (mois) ; maritime
Mkt	**Market**	Marché ; place
Meth	**Methodist**	Méthodiste

m	**Miles, minutes**	Mile (mesure) / Minute
Mil	**Military**	Militaire
min	**Minutes**	Minutes
Monu	**Monument**	Monument
Mt	**Mount**	Mont
Mts	**Mountains**	Montagnes
Naut	**Nautical**	Nautique
Nav	**Naval**	Naval
Nav.	Navigator, Navigation	Navigateur, Navigation
Np	**Neap (tide)**	Basse marée
N	**New**	Neuf, nouveau
Norw	**Norwegian**	Norvégien
N. M	**Notice to mariners**	
obsc	**Obscured**	Obscurci ; couvert de neige
Obs. Sp.	**Observation spot**	Lieu des observations
Obs'y	**Observatory**	Observatoire
Pass	**Passage**	Passage, traversée
Pk	**Peak**	Pic
Pena	**Peninsula**	Péninsule
Pers	**Persian**	Persan
Peruv	**Peruvian**	Peruvien
P. S., Pil. Sta.	**Pilote station**	Station de pilote
Pl	**Place**	Place, lieu, endroit
Pt	**Point**	Point
Pop	**Population**	Population
P	**Port**	Port
pos	**Position**	Position
P. D	**Position doubtful**	Position douteuse
P. O	**Post office**	Bureau de poste
Presb	**Presbyterian**	Presbytérien
Prom'y	**Promontory**	Promontoire
Prov	**Province**	Province
Qd	**Quadrant**	Quadrant
Qr	**Quartor**	Quartier
R. R	**Railroad**	Voie ferrée
R'y	**Railway**	Chemin de fer
Rf	**Reef**	Récif
R	**River**	Rivière
Rk	**Rock**	Roche, rocher
Rom.	**Roman**	Romain
Rom.Cath.	**Roman Catholic**	Catholique romain

Russ	**Russian**	Russe
St	**Saint**	
S	**San**	
Sta	**Santa**	Saint, Sainte
Ste	**Sainte**	
Sto	**Santo**	
Sep	**September**	Septembre (mois)
Sch	**Schooner**	Goélette
Scot	**Scottish**	Écossais
s., sec	**Seconds**	Second, secondes
sec	**Sector**	Secteur
Sem	**Semaphore**	Sémaphore
Sh	**Ship**	Bâtiment, Navire, Vaisseau
Shl	**Shoal**	Haut fond, banc de sable
Sig	**Signal**	Signal
Sd	**Sound**	Sonde, son
Sp	**Spanish**	Espagnol
Spr	**Spring (tide)**	Forte marée
Sq	**Square**	Carré ; à angles droits
Stbd	**Starboard**	Tribord
Sta	**Station**	Station ; Poste
Str / *S. S*	**Steamer** / **Steamship**	Navire, bateau à vapeur
St	**Strait, Street** / **Stream**	Défilé, col, passage étroit ; Rue ; courant ; flux
Surv.	**Surveying**	Lever des plans arpentage
Swed	**Swedish**	Suédois
Tel	**Telegraph**	Télégraphe
Temp	**Temperature**	Température
Tr	**Tower**	Tour
Turk	**Turkish**	Turc
U. S	**United states**	États-Unis
U. S. N / *U. S. Navy*	**United states navy**	Marine, flotte des États-Unis
Var	**Variation**	Variation
Vil	**Village**	Village
vis	**Visible**	Visible
Vol	**Volcano**	Volcan
Wat. Pl.	**Watering Place**	Aiguade ; lieu propice à faire de l'eau
Wh	**Wharf**	Quai, môle
Yds	**Yards**	Unité de longueur ; Parc, Chantier de construction

Cartes géodésiques et des Côtes des Etats-Unis

Signes Topographiques

	English	Français
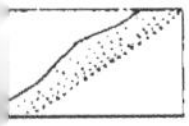	Shoreline Low water	Côte à marée basse
	Rocky ledges	Rivage rocheux
	Sand andshingle	Sable et galets
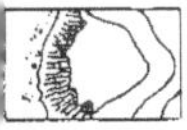	Rocky bluff	Escarpement rocheux
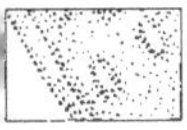	Sand dunes	Dunes de sable
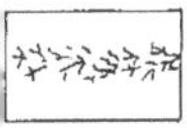	Eel grass	
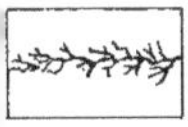	Kelp	Varech
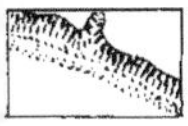	Eroded bank	Rivage découpé
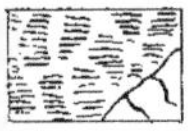	Mud	Vase, fange
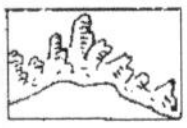	Coral ledge covering et uncovering	Rivagu de corail couvrant et découvrant
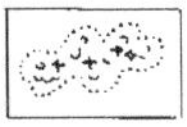	Coral Reef submerged	Récif de corail submergé
	Coral Reef and ledge	Rivage et récif de corail
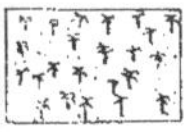	Palms	Palmiers
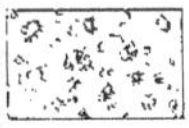	Oak	Chêne

	English	French
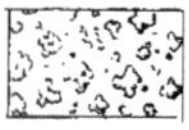	Deciduous and Undergrowth	Bois à feuilles qui tombent et broussailles
	Pine	Pins
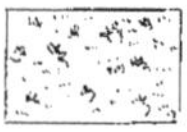	Palmetto	Palmiers nains
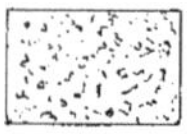	Mangroves	Mangliers
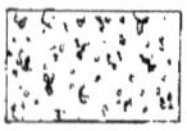	Cacti	Cactus
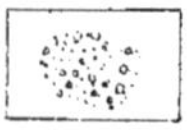	Oyster Bed	Banc d'huîtres
	Grass	Herbage, gazon
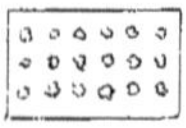	Orchard	Jardin fruitier, verger
	Tundra	Plaine marécageuse
	Salt Marsh	Marais salants
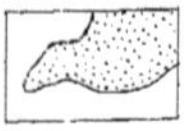	Salt Pond	Etang salé
	Fresh Marsh and Fresh Pond	Marais et étang d'eau douce
	Vooded Marsh	Marais boisé
	Submerged Marsh	Marais inondé, submergé
	Cypress swamp	Marécage planté de cyprès
	Rices Dikes & Ditches	Digues et fossés de rizières

	Rapids	Courant rapide d'un cours d'eau
	Falls	Chutes d'eau, cascade
	Dam	Digue, barrage
	Fish Wiers	Barrage pour le poisson
	Ferry	Bac
	Dwelling house	Maison d'habitation
	Barn	Grange
	Shed and Pen	Hangar et enclos
	Ruins	Ruines
	Windmill	Moulins à vent
	Church	Eglise
	Cemetery	Cimetière
	Fence	Haie, palissade, clôture
	Stone Wall	Mur en pierres
	Hedge	Haie
	Public road	Route nationale
	Road fenced on one side	Route clôturée sur un côté
	Telegraph Road	Ligne télégraphique le long d'une route
	Railroad (each track)	Chemin de fer (chaque voie)
	— (large scale)	— — (à grande échelle)
	Road not fenced	Route non clôturée
	Path or Trail	Sentier ou piste
	Embankment	Digue, levée, remblai
	Canal and Lock	Canal et écluse
	Topographical station	Station topographique
	Triangulation Point	Point de triangulation
	Curves of equal elevation and intermediate curves	Courbes de niveau équidistantes et courbes intermédiaires

Signes Hydrographiques

	English	Français
☼	Lighthouse	Phare
●	— on small scale chart	— sur les cartes à petites échelles
◉	Old light tower	Vieille tour éclairée
✩	Beacon, lighted	Balise lumineuse
▲	— not lighted	— non lumineuse
	Lightship	Bàteau phare, feu flottant
	Spindle (or stake)	Fuseau ou perche
	Wreck	Epaves
	Red, white or yellow buoy	Bouée rouge, blanche ou jaune
	Black buoy	— noire
	Horizontally striped buoy	— à bande horizontale
	Perpendicularly — —	— — verticale
	Buoys with perch and square	— avec perches et carrés
	— — — ball	— — ballons
	Lighted buoy (in place of o, as ..)	Boué lumineuse (à la place du signe o, comme ceci...)
	Mooring buoy	Coffre d'un corps mort
o	Landmark, as cupola, standpipe, etc.	Amer, coupole
⊗	Covering and uncovering rock	Rocher couvrant et découvrant
✳	Rock awash at low water	— qui découvre
+	Sunken rock	— qui ne découvre jamais
	Kelp	Varech
	Whirlpool	Tourbillon
	Tide rip	Raz de marée
	Anchorage	Mouillage
L.S.S.	Life saving station	Station de sauvetage
(T)	— — connection with telegraphic system	— — reliée au moyen du télégraphe
$\frac{o}{20}$	No bottom at 20 fathoms	Pas de fond à 20 brasses
—2,0—>	Current not tidal, drift in knots	Vitesse du courant sans marée indiquée en nœuds
—0,4—>	— flood, first quarter —	— du flot au 1er quartier —
—1,0—>	— — second — —	— — 2e — —
—0,3—>	— — third — —	— — 3e — —
	— ebb (otherwise like flood)	— — du jusant (comme celui du flot)

Curves of Equal Depth				Courbes de fond				
6 foot or	1 fathom	curve		Courbe de	6 pieds ou	1 brasse	=	1ᵐ829
12	— 2	—	—	—	12	— 2	— =	3.658
18	— 3	—	—	18	— 3	— =	5.487
24	— 4	—	—	24	4	— =	7.316
27	— 4 ¹/₂	—	—	—	27	— 4 ¹/₂ - =	8.230
30	— 5	—	—	—	30	— 5	— =	9.145
36	— 6	—	—	—	36	— 6	— =	10.914
10 fathoms curve				Courbe de	10 brasses	=	18.290
20	—	—		—	20	—	=	36.580
30	—	—		—	30	—	=	54.870
40	—	—		—	40	—	=	73.160
50	—	—		—	50	—	=	91.450
100	—	—		—	100	—	=	182.900
1000	—	—		—	1000	—	=	1829.000

ABRÉVIATIONS

Near buoys and positions ———— Près des bouées et positions

C.	Can	Boué tronconique	P. D.	Position doubtful	Position douteuse
N.	Nun	— pointue des 2 bouts	E. L.	Existence —	Existence --
S.	Spar	— sur épars			

For lights ———— Pour les feux

F	Fixed	Fixe (f)	E	Eclipses	A éclipses
Flg	Flashing	A éclats (é)	W	White	Blanc (bl)
Fl	Flash	Eclat	R	Red	Rouge (r)
Fls	Flashs	Eclats	V	Varied by	Changeant
Rev	Revolving	Tournant	Sec	Sector	Secteur

For kinds of bottom ———— Pour les différentes espèces de fonds

bk	Black	Noir (n)	M	Mud	Vase (v)
bu	Blue	Bleu	Oz	Ooze	Fange (F.)
brk	Broken	Brisé (br)	P	Pebbles	Cailloux (Cail.)
br	Brown	Brun	rd	Red	Rouge (r)
crs	Coarse	Gros (g)	rky	Rocky	Rocheux (R.)
Co	Coral	Corail (Cor.)	S	Sand	Sable (S.)
Cl	Clay	Argile (arg)	Sh	Shells	Coquilles (Coq.)
dk	Dark	Sombre, foncé	sml	Small	Petit
fne	Fine	Fin (f)	sft	Soft	Mou (m)
G	Gravel	Gravier (Gr.)	Sp	Specks	Tacheté (tach)
gy	Gray	Gris (gr)	stk	Sticky	Gluant
gn	Green	Vert (v)	stf	Stiff	Ferme, épais
hrd	Hard	Dur (d)	St	Stones	Pierres (Pi)
lrg	Large	Large, grand	wh	White	Blanc (bl)
lt	Light	Clair	yl	Yellow	Jaune (j)

IV

Transcription française

de noms chinois écrits en anglais

(Williams, Syllabie Dictionary of the Chinese Language et Wade, Péking Syllabary.)

Equivalence des syllabes en français, d'après la méthode de M. A. Vissière, adoptée au Ministère français [de]s Affaires Etrangères.

MÉTHODES		FRANÇAIS	MÉTHODES		FRANÇAIS
WILLIAMS	WADE		WILLIAMS	WADE	
			ch'i, ch'ih	c'ih	tch'e
O	A	**A**	ching	chêng	tcheng
i	ai	**Ngai**	ch'ing	ch'êng	tch'eng
gan	an	**ngan**	choh	cho	tchouo
ng,	ang	**ngang**	ch'oh	ch'o	tch'ouo
gao	ao	**ngao**	chu, chuh	chu	tchou
			ch'u, ch'uh	ch'u	tch'ou
			chui	chui	tchouei
Cha, chah	cha	**Tcha**	ch'ui	ch'ui	tch'ouei
ch'a, ch'ah	ch'a	**tch'a**	chun	chun	tchouen
chai	chai	**tchai**	ch'un	ch'un	tch'ouen
ch'ai	ch'ai	**tch'ai**	chung	chung	tchong
chan, chen	chan	**tchan**	ch'ung	ch'ung	tch'ong
ch'an, ch'en	ch'an	**tch'an**	chwa	chua	tchoua
chăn	chên	**tchen**	chw'a	ch'ua	tch'oua
ch'ăn	ch'ên	**tch'en**	chwai	chuai	tchouai
chang	chang	**tchang**	ch'wai	ch'uai	tch'ouai
ch'ang	ch'ang	**tch'ang**	chwang	chuang	tchouang
chăng	chêng	**tcheng**	ch'wang	ch'uang	tch'ouang
ch'ăng	ch'êng	**tch'eng**	chwen	chuan	tchouan
chao	chao	**tchao**	ch'wen	ch'uan	tch'ouan
ch'ao	ch'ao	**tch'ao**			
ché, cheh	ché	**tcho**			
ch'é ch'eh	ch'è	**tch'o**	O, ngo	E	**Ngo**
cheu	chou	**tcheou**	ngen	en	**ngen**
ch'eu	ch'ou	**tch'eou**		eng	**ngeng**
chi, chih	chih	**tche**	'rh	erh	**eul**

Fah	Fa	**Fa**
fan	fan	**fan**
fän	fên	**fen**
fang	fang	**fang**
fei	fei	**fei**
feu	fou	**feou**
foh	fu	**fou**
fu, fuh	fu, fo	**fou, fo**
fung	fêng	**foug, feng**
Hoh, koh	'Ha	**Ha**
hai	'hai	**hai**
han	'han	**han**
hän	'hên	**hen**
hang	'hang	**hang**
häng	'hêng	**heng**
hao	'hao	**hao**
heu	'hou	**heou**
hi, hih	hsi	**hi**
hia, hiah	hsia	**hia**
hiai, hieh	hsieh	**kiai, hie**
hiang	hsiang	**hiang**
hiao	hsiao	**hiao**
hien	hsien	**hien**
hin	hsin	**hin**
hing	hsing	**hing**
hioh	hsio, hsüo, hsüeh	**hio, hiue**
'hiu	hsiu	**hieou**
hiun	hsün	**hiun**
hiung	hsiung	**hiong**
ho, hoh	'ho, 'hê, 'hei	**ho, hei**
hu, huh	'hu	**hou**
hü	hsü	**hiu**
hüé, hüeh	hsüeh	**hiue**
hüen	hsüan, hsüen	**hiuan**
hung	'hung	**hong**
hwa	'hua	**houa**
hwai	'huai	**houai**
hwan	'huan	**houan**
hwang	'huang	**houang**
hwo, hwoh	'ho, 'huo	**bo, houo**
hwui	'hui	**houei**

hwuh	'hu	**hou**
hwun	'hun, 'huên	**houen**
I	l, yi	**Yi**
Jan	Jan	**Jan**
jän	jên	**jen**
jang	jang	**jang**
jäng	jêng	**jeng**
jao	jao	**jao**
jé, jeh	jé, jo	**jo**
jeu	jou	**jeou**
joh	jo	**jo**
jü, juh	ju	**jou**
jui	jui	**jouei**
jun	jun	**jouen**
jung	jung	**jong**
jwa		**joua**
jwan	juan	**jouan**
Kai	Kai	**Kai**
k'ai	k'ai	**k'ai**
kan	kan	**kan**
k'an	k'an	**k'an**
kän	kên	**ken**
k'än	k'ên	**k'en**
kang	kang	**kang**
k'ang	k'ang	**k'ang**
käng	kêng	**keng**
k'äng	k'êng	**k'eng**
kao	kao	**kao**
k'ao	k'ao	**k'ao**
keu	kou	**keou**
k'eu	k'ou	**k'eou**
ki, kih	chi	**ki**
k'i, k'ih	ch'i	**k'i**
kia, kiah	chia	**kia**
k'ia, k'iah	ch'ia	**k'ia**
kiai	chieh	**kiai**
k'iai	ch'iai	**k'iai**

iang	chiang	**kiang**	kw'oh	k'uo	**k'ouo**
'iang	ch'iang	**k'iang**	kwun	kuen, kun	**kouen**
iao	chiao	**kiao**	kw'un	k'uen, k'un	**k'ouen**
'iao	ch'iao	**k'iao**			
'ié, k'ieh	ch'ieh	**k'ie**			
ich	chich	**kie**	La, lah	La	**La**
ien	chien	**kien**	lai	lai	**lai**
'ien	ch'ien	**k'ien**	lan	lan	**lan**
in	chin	**kin**	lang	lang	**lang**
'in	ch'in	**k'in**	lãng	lêng	**leng**
ing	ching	**king**	lao	lao	**lao**
'ing	ch'ing	**k'ing**	leh	lè	**lo**
ioh	chio	**kio**	léi	léi, lei	**lei**
'ioh	ch'io	**k'io**	leu	lou	**leou**
iu	chiu	**kieou**	li, lih	li	**li**
'iu	ch'iu	**k'ieou**	liang	liang	**leang**
iün	chün	**kiun**	liao	liao	**leo**
'iün	ch'ün	**k'iun**	lieh	lieh	**lie**
	chiung	**kiong**	lien	lien	**lien**
'iüng	ch'iung	**k'iong**	lin	lin	**lin**
o, koh	ko, kê	**ko**	ling	ling	**ling**
'o, k'oh	k'o, k'ê	**k'o**	lioh	lio, lüeh, lüo	**lio, liue**
u, kuh	ku	**kou**	liu	liu	**lieou**
'u, k'uh	k'u	**k'ou**	lo, lho	lo	**lo**
ü, küh	chü	**kiu**	lu, luh	lu	**lou**
'ü, k'üh	ch'ü	**k'iu**	lü, lüh	lü	**lu, liu**
üeh	chüch	**kiue**	lüeh	lüeh	**liue**
'üeh	ch'üeh	**k'iue**	lüen	lüan	**liuan**
üen	chüan	**kiuan**	lun	lun	**louen**
'üen	ch'üan	**k'iuan**	lung	lung	**long**
ung	kung	**kong**	lwan	luan	**louan**
'ung	k'ung	**k'ong**			
wa, kwah	kua	**koua**			
w'a	k'ua	**k'oua**	Ma	Ma	**Ma**
wai	kuai	**kouai**	mai	mai	**mai**
w'ai	k'uai	**k'ouai**	man	man	**man**
wan	kuan	**kouan**	mãn	mên	**men**
w'an	k'uan	**k'ouan**	mang	mang	**mang**
wang	kuang	**kouang**	mãng	mêng	**meng, mong**
w'ang	k'uang	**k'ouang**	mao	mao	**mao**
wéi	kuei	**kouei**	meh	mo, mai	**mo, mai**
w'ei	k'uei	**K'ouei**	mei	mei	**mei**
wo, kwoh	kuo	**kouo**	meu	mou	**meou**

mi, mih	mi	mi
miao	miao	miao
mieh	mieh	mie
mien	mien	mien
min	min	min
ming	ming	ming
miu	miu	mieou
mo, moh	mo	mo
mu, muh	mu	mou
Na, nah	Na	Na
nai	nai	nai
nan	nan	nan
nang	nang	nang
năng	nêng	neng
nao	nao	nao
nei	nei	nei
neu	nou	neou
ngai	ai	ngai
ngan	an	ngan
ngăn	ên	ngen
ngao	ao	ngao
ngeou	ou, ngou	ngeou
ngo, ngoh	o, ngo, wo	ngo, wo
ni, nih	ni	ni
niang	niang	niang
nioa	niao	niao
nieh	nieh	nie
nien	nien	nien
nin	nin	nin
ning	ning	ning
nioh	nio, nüeh, nüo	nio
niu	niu	nieou
no, noh	no	no
nu	nu	nou
nü	nü	niu
nün	nun, nên	nen
nung	nung	nong
nwan	nuan	nouang
O	A	A

Pa, pah	Pa	Pa
p'a	p'a	p'a
pai	pai	pai
p'ai	p'ai	p'ai
pan	pan	pan
p'an	p'an	p'an
pān	pên	pen
p'ăn	p'ên	p'en
pang	pang	pang
p'ang	p'ang	p'ang
păng	pêng	peng
p'āng	p'èng	p'eng
pao	pao	pao
p'ao	p'ao	p'ao
péi	pei	pei
p'éi	p'ei	p'ei
	pou	peou
p'eu	p'ou	p'eou
pi, pih	pi	pi
p'i, p'ih	p'i	p'i
piao	piao	piao
p'iao	p'iao	p'iao
pieh	pieh	pie
p'ieh	p'ieh	p'ie
pien	pien	pien
p'ien	p'ien	p'ien
pin	pin	pin
p'in	p'in	p'in
ping	ping	ping
p'ing	p'ing	p'ing
po, poh	po, pai	po, pai
p'o, p'oh	p'o, p'ai	p'o, p'ai
pu, puh	pu	pou
p'u, p'uh	p'u	p'ou
'Rh	Èh	Eul
Sah	Sa	Sa
sai	sai	sai
san	san	san
sang	sang	sang

sãng	sêng	seng	sung	sung	song
sao	sao	sao	swan	suan	souan
seh	sé	so	sz'	ssü	sseu
seu	sou	seou			
sha, shah	sha	cha			
shai	shai	chai	Ta, tah	Ta	Ta
shan	shan	chan	t'a, t'ah	t'a	t'a
shãn	shên	chen	tai	tai	tai
shang	shang	chang	t'ai	t'ai	t'ai
shãng	shêng	cheng	tan	tan	tan
shao	shao	chao	t'an	t'an	t'an
shé, sheh	shé	cho	tang	tang	tang
shen	shan	chan	t'ang	t'ang	t'ang
sheu	shou	cheou	tãng	têng	teng
shi, sh', shih	shih	che	t'ãng	t'êng	t'eng
shing	shêng	cheng	tao	tao	tao
shoh	sho, shao	chouo, chao	t'ao	t'ao	t'ao
shu, shuh	shu	chou	tch	tê	to
shui	shui	chouei	t'eh	t'ê	t'o
shun	shun	chouen	teu	tou	teou
shung		tch'ong	t'eu	t'ou	t'eou
shwah	shua	choua	ti, tih	ti	ti
shwai	shuai	chouai	t'i, t'ih	t'i	t'i
shwan	shuan	chouan	tiao	tiao	tiao
shwang	shuang	chouang	t'iao	t'iao	t'iao
shwoh	shuo	chouo	tieh	tich	tie
si, sih	hsi	si	t'ich	t'ieh	t'ie
siang	hsiang	siang	tien	tien	tien
siao	hsiao	siao	t'ien	t'ien	t'ien
sie, sieh	hsieh	sie	ting	ting	ting
sien	hsien	sien	t'ing	t'ing	t'ing
sin	hsin	sin	tiu	tiu	tieou
sing	hsing	sing	to, tho	to	to, touo
sioh	hsio, hsüeh, hsüo, hsiao	sio, siue, siao	t'o, t'oh	t'o	t'o, t'ouo
siu	hsiu	sieou	tu, tuh	tu	tou
siün	hsün	siun	t'u, t'uh	t'u	t'ou
so, soh	so	so	tui	tui	touei
su, suh	su	sou	t'ui	t'ui	t'ouei
sü, süh	hsü	siu	tun	tun	touen
süeh	hsüeh	siue	t'un	t'un	t'ouen
süien	hsüan, hsüen	siuan	tung	tung	tong
sui	sui	souei	t'ung	t'ung	t'ong
sun	sun	souen	twan	tuan	touan

tw'an	t'uan	t'ouan	ts'ü	ch'ü	t'siu
tsa, tsah	tsa, tsah	tsa	tsüeh	chüeh	tsiue
ts'ah	ts'a	ts'a	tsüen	ch'üan, chien	tsiuan, tsien
tsai	tsai	tsai	ts'üen	ch'üan	ts'iuan
ts'ai	ts'ai	ts'ai	tsui	tsui	tsouei
tsan	tsan	tsan	ts'ui	ts'ui	ts'ouei
ts'an	ts'an	ts'an	tsun	tsun	tsouen
tsăn	tsén	tsen	ts'un	ts'un	ts'ouen
ch'ăn	ts'ên	ts'en	tsung	tsung	tsong
tsang	tsang	tsang	ts'ung	ts'ung	ts'ong
ts'ang	ts'ang	ts'ang	tswan	tsuan	tsouan
tsăng	tsêng	tseng	tsw'an	ts'uan	ts'ouan
ts'ăng	ts'êng	ts'eng	tsz'	tzŭ	tseu
tsao	tsao	tsao	ts'z'	tz'ŭ	ts'eu
ts'ao	ts'ao	ts'ao			
tseh	tsé	tso	Wa, wah	Wa	Wa
ts'eh	ts'é	ts'o	wai	wai	wai
tscu	tsou	tseou	wan	wan	wan
ts'cu	ts'ou	ts'eou	wăn	wên	wen
tsi, tsih	chi	tsi	wang	wang	wang
ts'i, ts'ih	ch'i	ts'i	wăng	wêng	weng, wong
tsiang	chiang	tsiang	wéi, wi	wei	wei
ts'iang	ch'iang	ts'iang	wo, woh	wo	wo
tsiao	chiao	tsiao	wu, wuh	wu	wou
ts'iao	ch'iao	ts'iao			
tsie, tsieh	chieh	tsie			
ts'ie, ts'ieh	ch'ieh	ts'ie	Ya, yah	Ya	Ya
tsien	chien	tsien	yai	yai	yai
ts'ien	ch'ien	ts'ien	yang	yang	yang
tsin	chin	tsin	yao	yao	yao
ts'in	ch'in	ts'in	ye, yeh	yeh	ye
tsing	ching	tsing	yen	yen	yen
ts'ing	ch'ing	ts'ing	yih	yi, i	yi
tsioh	chio	tsio	yin	yin	yin
ts'ioh	ch'io	ts'io	ying	ying	ying
tsiu	chiu	tsieou	yiu	yu	yeou
ts'iu	ch'iu	ts'ieou	yoh	yo, yao	yo. yao
ts'iün	chün	tsiun	yü	yü	yu
tso, tsoh	tso	tso, tsouo	yueh	yüeh	yue
ts'o, ts'oh	ts'o	ts'o, ts'ouo	yuen	yuan	yuan
tsu, tsuh	tsu	tsou	yuh	yü	yu
ts'u, ts'uh	ts'u	ts'ou	yun	yün	yun
tsü	chü	tsiu	yung	yung	yong

V

Echelles des Cartes Anglaises et des Etats-Unis

les plus usitées et leur transformation en échelles métriques

La plupart des cartes de la Grande-Bretagne et des Etats-Unis n'ont pas d'échelles métriques.

Ces deux puissances se servent d'échelles en Miles, c'est-à-dire que l'échelle indique le nombre de miles qui sont représentés par 1 pouce.

(Mile $=$ 1609^{m}315; le pouce $=$ 0^{m}0254.)

EXEMPLE : *Une échelle de 5 miles au pouce, veut dire que 1 pouce, 0^{m}0254 représente 5 miles ou 1609^{m}315 $\times$ 5 $=$ 8046^{m}575*

En divisant la valeur des miles par la valeur du pouce et en multipliant le quotient par 1000 $^m/_m$ on obtient le dénominateur de l'échelle métrique : $\frac{8\,046^m575 \times 1000}{0^m0254} = 316.800$ *ou* $\frac{1}{316.800}$.

La transformation en échelles métriques des échelles en miles les plus usitées se trouve établie dans le Tableau A ci-après, qui donne en outre les longueurs graphiques d'un arc de 1°, 10' et 1' en latitude correspondant à ces échelles, calculées d'après la longueur réelle d'un arc de 1° en latitude à hauteur du parallèle moyen de 45° (111.132$^m/_m$) sur l'ellipsoïde de Clarke et permettant de déterminer les échelles au moyen de la projection.

Le Tableau B donne les longueurs graphiques de 1, 10 et 100 miles aux échelles les plus usitées et permet de trouver les échelles au moyen d'une longueur donnée.

Fractions du mile *converties en mètres*

½ mile	804ᵐ6375		⅕ de mile	321ᵐ863
⅓ de mile	536 4383		²/₅	643 726
⅔	1072 8766		³/₅	965 589
¼	402 3287		⁴/₅ —	1287 452
¾	1206 9860			

TABLEAU A

ECHELLES des cartes de la Grande-Bretagne et des Etats-Unis en *Miles*, les plus usitées, avec leur transformation en échelles métriques et longueurs graphiques d'un arc de 1°, de 10' et 1' en latitude correspondant à ces échelles.

TABLEAU B

LONGUEURS graphiques de 1, 10 et 100 *Miles* terrestres Anglais aux échelles les plus usitées.

ECHELLES		LONGUEUR GRAPHIQUE D'UN ARC			LONGUEUR GRAPHIQUE DE		
EN MILES pour un pouce	MÉTRIQUES	1° EN LATITUDE	10' EN LATITUDE	1' EN LATITUDE	1 MILE	10 MILES	100 MILES
94³/₄	1 : 5.977.382ᵉ	0ᵐ0185	0ᵐ0031	»	»	0ᵐ00268	0ᵐ0268
90	5.702.400	0 0194	0 0032	»	»	0 00282	0 0282
86	5.448.960	0 0203	0 0034	»	«	0 00295	0 0295
83¼	5.274.720	0 0210	0 0035	»	»	0 00305	0 0305
83	5.258.880	0 0211	0 0035	»	»	0 00306	0 0306
80	5.068.800	0 0219	0 0036	»	»	0 00317	0 0317
75	4.722.000	0 0235	0 0039	»	»	0 00339	0 0339
72	4.561.920	0 0243	0 0040	»	»	0 00353	0 0353
68	4.308.480	0 0264	0 0044	»	»	0 00374	0 0374
66½	4.211.540	0 0264	0 0014	»	»	0 00382	0 0382
66	4.181.760	0 0265	0 0044	»	»	0 00385	0 0385
65	4.118.400	0 0269	0 0045	»	»	0 00391	0 0391
64½	4.089.064	0 0271	0 0045	»	»	0 00394	0 0391
62	3.928.320	0 0285	0 0047	»	»	0 00409	0 0409
61	3.864.960	0 0287	0 0048	»	»	0 00416	0 0416
60	3.801.600	0 0292	0 0048	»	»	0 00423	0 0423
58	3.674.880	0 0302	0 0050	»	»	0 00438	0 0438
55	3.484.800	0 0318	0 0053	»	»	0 00462	0 0462
52	3.294.720	0 0337	0 0056	»	«	0 00488	0 0488
50³/₄	3.220.177	0 0346	0 0057	»	0 0005	0 00500	0 0500
50	3.168.000	0 0350	0 0060	»	0 000508	0 00508	0 0508
46	2.914.560	0 0374	0 0062	»	0 000552	0 00552	0 0552
40	2.534.400	0 0438	0 0073	»	0 000635	0 00635	0 0635

39	1 : 2.471.040ᵉ	0^m0449	0^m0075	»	$0^m000651$	0^m00651	0^m0651
35	2.217.600	0 0501	0 0083	»	0 000726	0 00726	0 0726
34	2.154.240	0 0515	0 0085	»	0· 000747	0 00747	0 0747
33	2.090.880	0 0531	0 0088	d	0 000770	0 00770	0 0770
32	2 027.520	0 0548	0 0091	»	0 000794	0 00794	0 0794
31	1.964.160	0 0566	0 0094	»	0 000819	0 00819	0 0819
30	1.900.800	0 0584	0 0097	»	0 000847	0 00847	0 0847
28	1.774.080	0 0626	0 0104	»	0 000907	0 00907	0 0907
25	1 584.000	0 0700	0 0116	»	0 001016	0 01016	0 1016
24	1.520.640	0 0730	0 0121	»	0 001058	0 01058	»
23	1.457.280	0 0760	0 0126	»	0 001104	0 01104	»
22	1.393.920	0 0796	0 0132	»	0 001154	0 01154	»
21	1.330.560	0 0834	0 0139	»	0 001209	0 01209	»
20	1.267.200	0 0876	0 0146	0 0015	0 001270	0 01270	»
18	1.140.480	0 0973	0 0162	0 0016	0 001411	0 01411	»
$17^3/_5$	1.115.800	0 0995	0 0166	0 0016	0 001443	0 01443	»
17	1.077.120	0 1030	0 0170	0 0017	0 001494	0 01494	»
16	1.013.760	0 1095	0 0182	0 0018	0 001587	0 01587	»
15 782	1.000 000	0 1110	0 0185	0 0018	0 001609	0 01609	»
$15^1/_2$	982.080	0 1130	0 0190	0 0019	0 001639	0 01639	»
15	950.400	0 1168	0 0195	0 0019	0 001693	0 01693	»
14	887.040	0 1251	0 0208	0 0020	0 001814	0 01814	»
13	823.680	0 1347	0 0224	0 0022	0 001954	0 01954	»
$12^1/_2$	792 000	0 1400	0 0230	0 0023	0 002032	0 02032	»
12	760.320	0 1460	0 0240	0 0024	0 002117	0 02117	»
$11^1/_2$	728.640	0 1523	0 0254	0 0025	0 002209	0 02209	»
11	696.960	0 1593	0 0265	0 0026	0 002309	0 02309	»
$10^4/_5$	684.288	0 1622	0 0270	0 0027	0 002352	0 02352	»
10	633.600	0 1752	0 0292	0 0029	0 002540	0 02540	»
$9^1/_4$	586.080	0·1894	0 0315	0 0031	0 002746	0 02746	»
9	570.240	0 1947	0 0324	0 0032	0 002822	0 02822	»
$8^2/_5$	532.224	0 2086	0 0347	0 0034	0 003024	0 03024	»
8	506.880	0 2190	0 0360	0 0036	0 003175	0 03175	»
$7^3/_4$	486.830	0 2300	0 0380	0 0038	0 003277	0 03277	»
$7^1/_2$	475.200	0 2339	0 0389	0 0039	0 003375	0 03375	»
7	443·520	0 2503	0 0417	0 0042	0 003628	0 03628	»
$6^3/_5$	418.176	0 2655	0 0442	0 0044	0 003848	0 03848	»
$6^1/_2$	411.840	0 2695	0 0449	0 0045	0 003908	0 03908	»
$6^1/_3$	401.280	0 2766	0 0461	0 0046	0 004010	0 04010	»
$6^1/_5$	392.832	0 2826	0 0471	0 0047	0 004097	0 04097	»
6	380.160	0 2920	0 0490	0 0049	0 004233	0 04233	»
$5^1/_2$	348.480	0 3186	0 0531	0 0053	0 004618	0 04618	»
$5^1/_4$	332.640	0 3337	0 0555	0 0055	0 004838	0 04838	»
5	316.800	0 3500	0 0583	0 0058	0 005080	0 05080	»
$4^3/_4$	300 960	0 3688	0 0615	0 0061	0 005347	0 05347	»
4	253.440	0 4380	0 0730	0 0073	0 006350	0 06350	»

3.945......	1 : 250.000e	0m444	0m076	0m0076	0m006436	0m06436	»
3³/₄	237.600	0 467	0 0775	0 0077	0 006773	0 06773	»
3.........	190.080	0 579	0 0960	0 0096	0 008467	0 08467	»
2³/₄	174.240	0 637	0 106	0 0106	0 009236	0 09236	»
2¹/₄	142.560	0 779	0 130	0 0130	0 011289	0 11289	»
2.........	126.720	0 876	0 146	0 0146	0 012700	0 12700	»
1.972......	125.000	0 889	0 148	0 0148	0 012872	0 12872	»
1³/₄	110.880	1 001	0 1665	0 0166	0 014514	0 14514	»
1¹/₂	95.040	1 168	0 198	0 0198	0 016933	»	»
1¹/₃	84.480	1 314	0 219	0 0220	0 01905	»	»
1.........	63.360	1 751	0 292	0 0290	0 02530	»	»
0.986......	62.500	1 778	0 296	0 0300	0 02574	»	»
¹/₂ pouce..	42.240	»	0 438	0 0440	0 03810	»	»
2 pouces..	31.680	»	0 5845	0 0590	0 05080	»	»
3 — ..	21.120	»	0 8769	0 0877	0 07620	»	»
4 — ..	15.840	»	1 1693	0 1169	0 10160	»	»
5 — ..	12.672	»	«	0 1462	0 12700	»	»
6 — ..	10.560	»	»	0 1754	0 13240	»	»
25.344 .	2.500	»	»	0 7408	0 64360	»	»

VI

Pouces anglais *convertis en fractions métriques*

POUCES	CONVERSION	POUCES	CONVERSION	POUCES	CONVERSION	POUCES	CONVERSION	POUCES	CONVERSION	POUCES	CONVERSION
1	0m0254	3	0m0762	5	0m1270	7	0m1778	9	0m2286	11	0m2794
2	0 0508	4	0 1016	6	0 1524	8	0 2032	10	0 2540	12	0 3048

Pieds anglais *convertis en mètres*

PIEDS	MÈTRES	PIEDS	MÈTRES	PIEDS	MÈTRES	PIEDS	MÈTRES	PIEDS	MÈTRES	PIEDS	MÈTRES
1	0m3048	90	27m432	1350	411m474	1840	560m826	2950	899m154	4350	1323m880
2	0 6096	100	30 480	1360	414 522	1850	563 874	3000	914 395	4400	1339 120
3	0 9144	200	60 960	1380	420 618	1860	566 922	3050	929 635	4450	1354 360
4	1 2192	300	91 440	1400	426 714	1880	573 018	3100	942 875	4500	1369 600
5	1 5240	400	121 920	1420	432 810	1900	579 111	3150	958 115	4550	1384 840
6	1 8288	500	152 400	1440	438 906	1920	585 210	3200	973 355	4600	1400 080
7	2 1336	700	213 360	1450	441 954	1940	591 306	3250	988 600	4650	1415 320
8	2 4384	900	274 320	1460	445 002	1950	594 354	3300	1003 840	4700	1430 560
9	2 7432	1000	304 800	1480	451 098	1960	597 402	3350	1019 080	4750	1445 800
10	2 0480	1020	310 896	1500	457 194	1980	603 498	3400	1031 320	4800	1461 010
11	3 3528	1040	316 992	1520	463 290	2000	609 594	3450	1019 360	4850	1476 281
12	3 6376	1050	320 040	1540	469 386	2050	624 834	3500	1064 800	4900	1491 520
13	3 9624	1060	323 088	1550	472 434	2100	640 074	3550	1080 040	4950	1506 760
14	4 2672	1080	329 184	1560	475 482	2150	655 314	3600	1095 280	5000	1521 000
15	4 5720	1100	335 280	1580	481 578	2200	670 551	3650	1110 520	5500	1676 400
16	4 8768	1120	341 376	1600	487 674	2250	685 791	3700	1125 760	6000	1828 800
17	5 1816	1140	347 466	1620	493 770	2300	701 034	3750	1141 000	6500	1981 200
18	5 4864	1150	350 514	1640	499 866	2350	716 274	3800	1156 240	7000	2133 600
19	5 7912	1160	353 562	1650	502 914	2400	731 514	3850	1171 480	7500	2286 000
20	6 0960	1180	359 658	1660	505 962	2450	746 754	3900	1186 720	8000	2438 400
25	7 6200	1200	365 754	1680	512 058	2500	761 991	3950	1201 960	8500	2590 800
30	9 1440	1220	371 850	1700	518 154	2550	777 234	4000	1217 200	9000	2713 200
35	10 6680	1240	377 946	1720	521 250	2600	792 471	4050	1232 440	9500	2895 600
40	12 1920	1250	380 994	1740	530 346	2650	807 714	4100	1247 680	10000	3048 000
45	13 7160	1260	384 042	1750	533 394	2700	822 954	4150	1262 920	12500	3810 000
50	15 2400	1280	390 138	1760	536 442	2750	838 194	4200	1278 160	15000	4572 000
60	18 2880	1300	396 234	1780	542 538	2800	853 434	4250	1293 400	17500	5334 000
70	21 3360	1320	402 330	1800	548 634	2850	868 674	4300	1308 640	20000	6096 000
80	24 3840	1340	408 426	1820	554 730	2900	883 914				

Yards *convertis en mètres*

YARDS	MÈTRES	YARDS	MÈTRES	YARDS	MÈTRES	YARDS	MÈTRES	YARDS	MÈTRES	YARDS	MÈTRES
1	0m91439	15	13m71585	80	73m15120	1080	987m5312	1320	1206m9948	1550	1418m3047
2	1 82878	16	14 63024	90	82 29510	1100	1005 8290	1340	1225 2826	1560	1427 4484
3	2 74317	17	15 54163	100	91 43900	1120	1024 1168	1350	1234 4265	1580	1445 7362
4	3 65756	18	16 45902	200	182 8780	1140	1042 4046	1360	1243 5704	1600	1463 0240
5	4 57195	19	17 37341	300	274 3170	1150	1051 5485	1380	1261 8582	1620	1481 3118
6	5 48634	20	18 28780	400	365 7560	1160	1060 6924	1400	1280 1460	1640	1499 5990
7	6 40073	25	22 85975	500	457 1950	1180	1078 9802	1420	1298 4538	1650	1508 7433
8	7 31512	30	27 43170	700	640 0730	1200	1097 2680	1440	1316 7416	1660	1517 8874
9	8 22951	35	32 00365	900	822 9510	1220	1115 5558	1450	1325 8855	1680	1536 1752
10	9 14390	40	36 57560	1000	914 3900	1240	1133 8436	1460	1335 0294	1700	1554 4630
11	10 05829	45	41 14755	1020	932 6778	1250	1142 9875	1480	1353 3172	1720	1572 7508
12	10 97268	50	45 71950	1040	950 9556	1260	1152 1314	1500	1371 5850	1740	1591 0380
13	11 88707	60	54 86340	1050	960 0995	1280	1170 4192	1520	1389 8728	1750	1600 1823
14	12 80146	70	64 00730	1060	969 2434	1300	1188 7070	1540	1408 1606	1760	1609 3150

Brasses (Fathoms) *converties en mètres*

BRASSES	MÈTRES	BRASSES	MÈTRES	BRASSES	MÈTRES	BRASSES	MÈTRES	BRASSES	MÈTRES	BRASSES	MÈTRES
1	1m829	6	10m974	11	20m119	16	29m264	25	45m725	60	109 740
2	3 658	7	12 803	12	21 948	17	31 093	30	54 870	80	146 320
3	5 487	8	14 632	13	23 777	18	32 922	40	73 160	100	182 900
4	7 316	9	16 461	14	25 606	19	34 751	50	91 450	500	914 500
5	9 145	10	18 290	15	27 435	20	36 580				

Miles terrestres anglais *convertis en mètres*

MILES	MÈTRES	MILES	MÈTRES	MILES	MÈTRES	MILES	MÈTRES	MILES	MÈTRES	MILES	MÈTRES
1	1609m315	8	12874m520	35	56326m025	90	144838m350	400	643726m000	900	1448383m500
2	3218 630	9	14483 835	40	64372 600	100	160931 500	450	721191 750	1000	1609315 000
3	4827 945	10	16093 150	45	72419 175	150	241397 250	500	804657 500	2000	3218630 000
4	6437 260	15	24139 725	50	80465 750	200	321863 000	600	965589 000	3000	4827945 000
5	8046 575	20	32186 300	60	96558 900	250	402328 750	700	1126520 500	4000	6437260 000
6	9655 890	25	40232 875	70	112652 050	300	482794 500	800	1287452 000	5000	8046575 000
7	11265 205	30	48279 450	80	128745 200	350	563260 250				

VII

MESURES ET MONNAIES

de la Grande-Bretagne et des Etats-Unis, avec leurs évaluations en mesures et monnaies françaises

GRANDE-BRETAGNE

Bien que ¹la loi du 6 Août 1897 ait rendu légal l'usage des poids et mesures du système métrique décimal français, il est encore peu usité dans le commerce angais ; mais il est presque toujours employé par les savants, les ingénieurs, dans la plupart des banques et en général pour tous les calculs où une grande précision est nécessaire.

Mesures de Longueur

		mètres
Inch	Pouce = 12 lignes ou 3 barleycorn	0.02539954
Foot	Pied = 12 pouces	0.3047945
Yard (Impérial standard)	— 3 pieds	0.9143835
Fathom	Brasse = 2 yards	1.8287770
Pole (Rod or Perche)	= 5 yards ½	5.02911
Chain	— 4 poles	20.11644
Furlong	= 10 chains ou 40 poles	201.16137
Mile (statute mile)	— 1760 yards	1609.31493
Nautical mile	Mile nautique	1855.00000
League	Lieue marine	5558.00000

Mesures de Surface

		m2
Square inch	Pouce carré	0.000645131
Square foot	Pied carré = 144 pouces carrés	0.09289968
Square yard	Yard carré = 9 pieds carrés	0.83609715
Square pole or rood	= 30 yards carrés	25.291939

Mesures Agraires

		ares
Square chain	— 16 perches carrées	4.0467
Square rood	= 40 — .—	10.116775
Square acre	= 4 roods carrés	40.4671
Square mile	=. 640 acres	258.989440 (hectares)

Mesures de Volume

Cubic inch	Pouce cube	0.000016
Cubic foot	Pied cube = 12 pouces cubes	0.028315
Cubic yard	Yard cube = 27 pieds cubes	0.764505
Shipping ton	Tonneau de mer = 40 pieds cubes	1.132600
Load	Last de bois = 50 pieds cubes	1.415000
Fathom cube	= 216 pieds cubes	6.116000

Mesures de Capacité

		litre
Gill	= ¼ de pint	0.14198
Pint	= 4 gills	0.56793
Quart	= 2 pints	1.13586
Gallon impérial	= 4 quarts	4.54344
Peck	= 2 gallons	9.08690
Bushel	Boisseau = 8 gallons	36.34760
Sack	= 3 bushels	109.04280
Barrel	Baril	145.00000
Quarter	= 8 bushels	290.78106
Pipe or puncheou	Vin	3.179
	Bière	3.327
Tune	Tonne	11.440
Chaldron	= 12 sacks	13.08516

Mesures Pondérales

Avoirdupois Weight — Poids du Commerce

			Kgr gr
Drachm		= ¹/₁₆ d'once	0.001.771846
Ounce	Once	¹/₁₆ de pound	28.34954
Pound (lbs)	Livre avoirdupois	= 16 onces	453.59264
Stone		= 14 pounds	6.350.29696
Quarter		= 28 pounds	12.700.600
Hundred Weight (cwt)		= 112 pounds	50.802.37708
Ton	Tonne	= 20 cwt	1016.047.540

Troy & Apothecaries Weight — Poids étalons et de pharmaciens

			gr
Grain		= ¹/₂₄ de denier	0.064799
Scrupule		= 20 grains	1.295980
Penny weight	Denier	= ¹/₂₀ d'once	1.555171
Drachm		= 60 grains	3.887940
Ounce	Once	= ¹/₁₂ livre troy	31.103496
Pound	Livre troy	= 12 onces	373.241948

Monnaies

Bronze ....{	**Farthing**	Liard	— ¹/₄ penny	0ᶠ025
	Half penny		— ½ penny	0.0525
	Penny	Denier	$= \frac{1}{12}$ shilling	0.105
Argent ....{	**Treepence**		$= \frac{1}{4}$ shilling	0.35
	Sixpence		$= \frac{1}{2}$ shilling	0.63
	Shilling		$=$ 12 pences ou deniers	1.26
	Florin		· 2 shillings	2.52
	Half-crown	½ Couronne $=$	2 sillings 6 pences	3.15
	Double florin		$=$ 4 shillings	5.04
	Crown	Couronne	· 5 shillings	6.25
Or ....{	**Half-sovereign**	Half-pound $=$ 10 shillings		12.61
	Sovereign	Pound ou Livre sterling (£) — 20 shillings		25.22
		2 Livres		50.44
		5 Livres		126.10
Monnaie de compte {	**Guinea**	Guinée $=$ 21 shillings		26.46

Banknotes (*Billets*) 5, 10, 20, 50, 100, 200, 500 et 1000 Livres Sterlings

---

L'unité monétaire est la Livre Sterling (£) : 20 shillings ou 240 pences $=$ 25 fr. 22

ETATS-UNIS

L'emploi des poids et mesures du système métrique décimal français est légalement autorisé aux Etats-Unis, depuis le 28 Juillet 1866.

Néanmoins on emploie toujours les anciennes mesures qui diffèrent peu de celles de la Grande-Bretagne.

Mesures de Longueur

L'unité de mesure est le **yard**

Anglais	Français		Mètres
Inch	Pouce	10 lines	0.025399
Foot	Pied	12 pouces	0.304794
Yard	=	3 pieds	0.91438
Fathom	Brasse 6 pieds = 2 yards		1.828777
Mile	—	1760 yards	1609.315
League	Lieue =	3 miles	4827.945

Mesures de Surface

L'unité de mesure est le **Square Yard**

Anglais	Français		Mètres carrés
Square inch	Pouce carré		0.00064513
— foot	Pied	= 144 pouces carrés	0.0928
— yard	Yard	= 9 pieds —	0.8360
— pole	Verge	= 30 yards —	25.291939
— rood	Perche		10.116 ares
— acre	Acre	= 4 perches —	40.46

Mesures de Volume

L'unité de mesure est le **Cubic Yard**

Anglais	Français		Mètres cubes
Cubic foot	Pied cube = 1728 pouces cubes		0.2831
— yard	Yard = 27 pieds —		0.7645132
Shipping ton	Tonne = 40 — =		1.132600
	(Unité d'évaluation pour chargements maritimes)		

Mesures de Capacité

LIQUIDES. — L'unité principale pour mesurer les liquides est le **Gallon de vin** ancien type de 231 pouces cubes.

Anglais	Français		Litres
Pint	Pinte = 4 gills		0.47315
Quart	Quart = 2 pintes		0.9463
Gallon	= 4 quarts		3.785
Barrel	Baril = 31 gallons 1/2		119.2275
	Barique = 2 barils		228.455
Pipe	= 2 barique		476.910

MATIÈRES SÈCHES. — L'unité principale pour mesurer les matières sèches est l'**ancien gallon** de 260 pouces cubes 80.

		litre
Pint	Pinte	0.56793
Quart	Quarts == 2 pintes	1.13586
Gallon	" 4 quarts	4.54344
Peck	:.. 2 gallons	9.0869
Bushei	Boisseau =. 4 peks	36.34766

Le charbon de terre, les pommes de terre, les pommes et toutes sortes de fruits sont évalués à mesure comble.

Mesures pondérales

AVOIRDUPOIS. — Pour toutes les matières excepté les pierres précieuses, les métaux, les liquides et les prescriptions médicales.

			grammes
Drachm	Drachme = $^1/_{16}$ d'once		1.771846
Ounce	Once — 16 drachmes		28.3495
Pound	Livre = 16 onces		453.59264
Quarter	$^1/_4$ Quintal = 28 livres		12^{k}700600
Hundred weight	:. 112 —		50.802377
Ton	Tonne .— 20 Hundred weight		1016.047540

LIVRE TROY. — Pour peser les pierres précieuses et les métaux.

			grammes
Penny weight	Denier = 24 grains		1.5552
Ounce	Once = 20 deniers		31.1035
Pound	Livre = 12 onces		373.2419

POIDS DE JOAILLERIE. — L'once de diamants se divise en 151 carats $^1/_2$; 6 carats = 19 grains· Pour les pierres précieuses le carat se divise en

		grammes
$^1/_2$. $^1/_4$. $^1/_8$ $^1/_{16}$ de carat — Un carat = 3 grains 1683 =.		0.205302

Monnaies

L'unité monétaire est le Dollar or ($) de 100 Cents =. — 5f.1825

Bronze...............	= 1 cent	0.0518
	=. $^1/_2$ —	0.0259
Nickel...............	. 5 cents	0.259
	- 3 cents	0.1594
Argent...............	Dime == 10 —	0.50
	$^1/_4$ dollar . 25 —	1.25
	$^1/_2$ — .. 50 —	2.50
	Dollar _ 100 —	5.3458

	Dollar		5f1825
	1/4 d'aigle	— 2 1/2 dollars	12.9550
Or	1/2 aigle	= 5 —	25.9137
	Eagle (aigle) = 10	—	51.8275
	Double aigle = 20	—	102.6550

Billets émis par des Banques nationales contrôlées par l'Etat, 1, 3, 5, 10, 20, 50, 100, 500 et 1000 dollars

Green Banck = Billets émis par l'Etat

La loi fédérale du 1er janvier 1883 a fixé comme suit la valeur en dollars des principales monnaies étrangères aux Etats-Unis :

Union latine	le franc	0$193	**Portugal**	le milréis	1$080
Autriche	florin argent	0.341	**Russie**	rouble argent	0.553
Brésil	milréis	0.546	**Turquie**	piastre	0.044
Angleterre	souverain	4.8665	**Egypte**	livre de 100 piastres	4.943
Allemagne	mark or	0.238	**Mexique**	dollar	0.750
Haïti	gourde	0.965	**Cuba**	peso	0.926
Indes anglaises	roupie	0.328	**Chine**	taël de Shangaï	1.021
Japon	yen d'or	0.997	—	taël des douanes	1.137
Pays-Bas	florin	0.402			

TEMPÉRATURE

La graduation thermométrique employée en Angleterre et aux États-Unis est celle de Fahrenheit.

	FAHRENHEIT	CENTIGRADE	RÉAUMUR
	0°	— 18°8	— 14°2
Glace fondante	+ 32°	0°	0°
Eau bouillante	+ 212°	+ 100°	+ 80°

VIII

SIGNES CONVENTIONNELS

*employés dans les cartes géographiques et topographiques éditées
par les Services Géographiques de la Grande-Bretagne, des
Indes et des Etats-Unis.*

INHABITED PLACES - LIEUX HABITÉS

GRANDE BRETAGNE	INDES	ÉTATS-UNIS		
			LARGE TOWNS, CITY	GRANDES VILLES & CITÉS
			MEDIUM TOWNS	VILLES IMPORTANTES
			SMALLER TOWNS	PETITES VILLES
			Villages	Villages
			Buildings	Constructions isolées
			Deserted village	Village abandonné
			Church or Chapel with tower	Eglise ou chapelle avec tour
			— — spire	— — clocher
			— without tower or spire	— sans tour ni clocher
			Cemetery	Cimetière
Castle	Ruins		RUINS, ANTIQUITIES	RUINES, ANTIQUITÉS
			Windmill	Moulin à vent
			Windpump	Pompe à vent
			Temple or pagoda	Temple ou Pagode
			Masjid	Mosquée
P.	P.O	P.O.	POST OFFICE	BUREAU DE POSTE
T.	T.O	T	TELEGRAPH OFFICE	TÉLÉGRAPHIQUE
			Factory	Fabrique, manufacture, usine, factorerie
			Scattered huts	Huttes éparses
	Pg		Buddhist Pagoda	Pagode boudhiste
	R.H		REST HOUSE	AUBERGE
	T.B.		TRAVELLERS' BUNGALOW	MAISON DE VOYAGEURS (Hôtellerie)
	E.G		ENCAMPING GROUND	CAMPEMENT
	F		FOREST FIRE GUARD	GARDE-FEU FORESTIER
	F		— GUARD	GARDE FORESTIER

WATERS — EAUX

GRANDE BRETAGNE	INDES	ÉTATS-UNIS	English	French
			Bridges (wood, iron, steel, stone)	Ponts (bois, fer, acier, pierre)
			— draw	Pont-tournant, pont-levis
			— foot	Passerelle
			— suspension	Pont suspendu
			— arch	Pont à arches
			— ponton	Pont de pontons
			Ferries boat	Bac
			— rope or trail	— à corde ou à traille
			— steam	— à vapeur
			Fords infantery	Gués pour l'infanterie
			— cavalery	— la cavalerie
			— wagon and artillery	— véhicules et artillerie
			Dam	Digue
			Canals and Locks	Canaux et écluses
			Ditches	Fossés
			Aqueduct	Aqueduc
			Waterpipe	Conduite d'eau
			Falls	Chute d'eau, cascade
			Rapids	Rapide
			Wharves	Quais, débarcadères, embarcadères
			Breakwates and jetteis	Jetées et brise-lames
			Intermittent streams	Cours d'eau intermittents
			Ravines	Ravins
			Springs	Sources
			Wells	Puits
			Glaciers	Glaciers
			Lakes and Ponds	Lacs et étangs
			Intermittent Lake	Lac intermittent

GRANDE BRETAGNE	INDES	ÉTATS-UNIS	English	French
			Swamp	Marais, marécage
			Salt marsh	Marais salants
			Fresh marsh	Marais d'eau douce
			Submerged marsh	Marais inondé, submergé
			Tidal flat	
			Cliffs	Falaises
			Sand hills	Dunes de sable
			— and shingle	Sable et cailloux
			Flat Rocks	Rochers plats
			Coast Features	Formes des côtes
			Lighthouse	Phare
			Beacon Lighted	Balise lumineuse
			Light ship	Bâteau phare
			Life saving station	Station de sauvetage
			Anchorage	Mouillage
			Beacon	Balise
			Water Works	Etablissement pour la distribution des eaux

WAYS - VOIES DE COMMUNICATION

GRANDE BRETAGNE	INDES	ÉTATS-UNIS		
			Metalled Roads - First classe	ROUTES EMPIERRÉES, 1ʳ CLASSE
			— — Second —	— — 2ᵉ —
			— — Third —	— — 3ᵉ —
			Un-Metalld Roads	ROUTES NON EMPIERRÉES
			Trade routes passables for baggage animals	ROUTES COMMERCIALES, passables pour bagages et animaux
			Footpath	SENTIERS
			Railways two or more lines	VOIES FERRÉES à deux ou plusieurs lignes
			— single lines	VOIES FERRÉES A VOIE UNIQUE
			Minéral lines and tramways	LIGNES FERRÉES ET TRAMWAYS
			Tunnel	TUNNEL
			Viaducts	VIADUCS
			Embankments	REMBLAIS
			Cuttings	DÉBLAIS
			Roadway ower railway	PASSAGE AU-DESSUS
			— under —	— AU-DESSOUS
			Level crossing	— A NIVEAU
			Telegraph lines	LIGNES TÉLÉGRAPHIQUES

BOUNDARIES - LIMITES

GRANDE BRETAGNE	INDES	ÉTATS-UNIS		
			STATE LINE	LIMITES D'ÉTAT
			COUNTY OR PROVINCES	COMTÉS OU PROVINCES
			PARISH	PAROISSES
			COUNTY AND PARISH	COMTÉS ET PAROISSES
			Township	Territoire d'une ville
			Réservation	
			Land-Grant	Concessions
			City, village, borough	Ville, village, bourg
			Parc or cemetery	Parcs et cimetières
			DIVISION	DIVISIONS
			DISTRICT	DISTRICT
			SUBDIVISION	SUBDIVISIONS
			Circles	Cercles
			Forest with pillar	Forêts avec pilier
			Boundary-pillar	Borne-frontière
			Forest fire-line	Limite de feu de forêts

WOODS AND CULTURES   BOIS & CULTURES

GRANDE BRETAGNE	INDES	ÉTATS-UNIS		
			Deciduous Trees	Arbres à feuillages caducs
			Evergreens — Palms	— toujours verts — Palmiers
			Outline of Forest	Lisière de forêt
			Cactus	Cactus
			Bamboo	Bambou
			Banana	Bananier
			Meadow Land	Prairie
			Rough pasture	Pré pierreux
			Ploughed Land	Terre cultivée
			Heathy pasture	Lande
			Furze or Whins	Bruyère et ajoncs
			Sugar Cane	Canne à sucre
			Corn	Céréales (blé, maïs, etc.)
			Cotton	Coton

GRANDE BRETAGNE	INDES	ÉTATS-UNIS		
			Rice With Dikes	Rivière avec digues
			Tobacco	Tabac
			Vineyard	Vignoble
			Parks	Parcs
			Orchard	Verger, jardin fruitier
			Hedge	Haie
			Stone Fence	Clôture de pierres
			Vorm —	— en zigzag
			Wire —	— en fils de fer
			Board —	Palissade de planches

DIFFERENT MARKS   DIVERS

GRANDE BRETAGNE	INDES	ÉTATS-UNIS		
	▲	▲	*Trigonometral point*	*Point trigonométrique*
		▣	*Plane table station*	
		◉	*Common Survey station*	
	◦	·	*Secondary station*	*Point de station secondaire*
	◦		*Intersected point*	*Point de recoupement*
B.M. 130		B.M. x 1480	*Bench mark*	*Repère*
		▲ U 8 L M	*Locating monument*	*Emplacement de monument*
			Coke ovens	*Fours à coke*
			Oil wells	*Puits à huile*
⊙		⚒	*Mine or quarry*	*Mine ou carrière*
⊙			*Gravel pit*	*Sablonnière*
⊗			*Marl pit*	*Marnière*
		x	*Prospect*	*Prospect*
		▣	*Shaft*	*Puits de mine*
			Mine tunnel (showing direction)	*Galerie de mine (direction reconnue)*
			-- — *(direction unknown)*	— (— *inconnue)*
L.B.			*Letter Boxe*	*Boîte aux lettres*
6			*Milestone*	*Borne militaire*
			Site of Battle	*Champ de bataille*
2017	4862	829	*Heights in feet*	*Altitudes en pieds*
			Contour system	*Courbes de niveau*
			Depression	*Dépression*
			Level Dot	*Point levé*
☿			*Mercury mine*	*Mine de mercure*
♀			*Copper* —	— *de cuivre*
☽			*Silver* ··	—· *d'argent*
◦			*Gold* —	— *d'or*
♂			*Iron* —	— *de fer*

GRANDE BRETAGNE	INDES	ÉTATS-UNIS		
2			*Tin mine*	*Mine d'étain*
3			*Lead* —	— *de plomb*
●			*Coal* —	— *de houille*
			Smithy	*Forges*
∘ ∘ ∘			*Limekilns*	*Fours à chaux*
⋀⋀			*Iron works*	*Haut-fourneaux*
⋀⋀			*Glass works*	*Verrerie*
			Tanneries	*Tanneries*
			Brick fields	*Briqueterie*

TABLE DES MATIÈRES

Paris. — Imp. A. STEMMER, 175, Rue Saint-Honoré

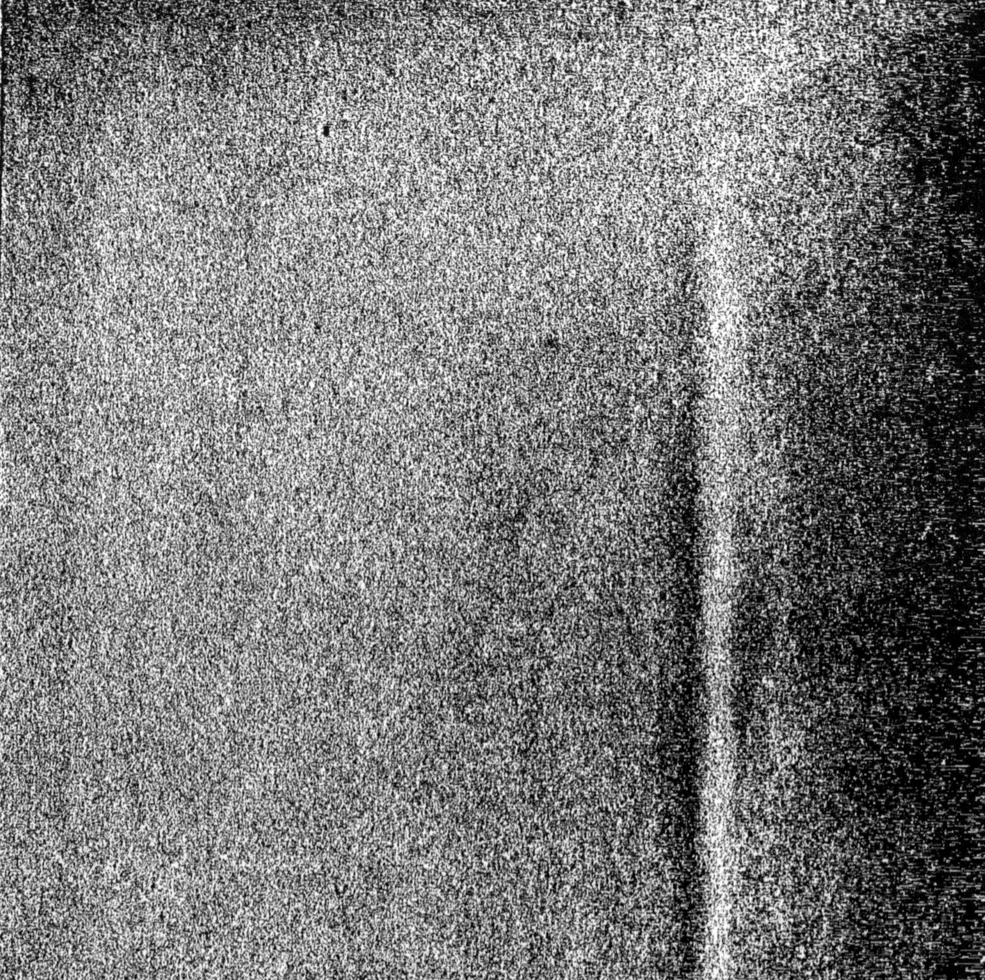

BIBLIOTHEQUE NATIONALE DE FRANCE
3 7502 00531472 1

www.ingramcontent.com/pod-product-compliance
Ingram Content Group UK Ltd.
Pitfield, Milton Keynes, MK11 3LW, UK
UKHW021930070726
13614UKWH00001B/350